Inhalt

Trost

von Roger Mielke

Und der Engel des HERRN rührte Elia an und sprach: Steh auf und iss! Denn du hast einen weiten Weg vor dir. *1. Kön 19,7*

Gelobt sei Gott, der Vater unseres Herrn Jesus Christus, der Vater der Barmherzigkeit und Gott allen Trostes, der uns tröstet in aller unserer Bedrängnis, damit wir auch trösten können, die in allerlei Bedrängnis sind, mit dem Trost, mit dem wir selber getröstet werden von Gott. *2. Kor 1,3.4*

Was ist dein einiger Trost im Leben und im Sterben?
Dass ich mit Leib und Seele,
beides, im Leben und im Sterben,
nicht mein, sondern meines getreuen
Heilands Jesu Christi eigen bin.
Heidelberger Katechismus Frage 1

> *In der Perspektive des christlichen Glaubens auf den Menschen zu blicken heißt, ihn als ein trostbedürftiges Wesen zu erkennen.*

In der Perspektive des christlichen Glaubens auf den Menschen zu blicken heißt, ihn als ein trostbedürftiges Wesen zu erkennen. Das ist nicht trivial. Viel näher liegt es in unserer Zeit, den Menschen als trostlos zu sehen – einem gewaltigen und gleichgültigen Kosmos ausgeliefert. Sehnsucht nach Trost wäre dann nichts anderes als eine Regression, ein Rückfall in eine kindliche, oder mehr noch: kindische, Entwicklungsstufe. Ein reifer Mensch wäre dann derjenige, der auf Trost verzichten und die Verwundungen des Lebens als Aufforderung zur Arbeit – an sich selbst und an den Dingen der Welt – verstehen kann. Den Menschen dagegen als trostbedürftig – und des Trostes fähig! – zu sehen, ist auch Reflex einer christlichen, genauer: einer reformatorischen Anthropologie. Die knappe »Definition« des Menschen in Luthers berühmter »Disputatio de homine« (Disputation über den Menschen) lautet schlicht: »Homo iustificari fide«, auf deutsch: der Mensch ist ein Wesen, das durch Glauben gerechtfertigt wird.[1]

---

[1] Disputatio D. Martini Lutheri de homine / Disputation D. Martin Luthers über den Menschen (1526), These 32, in : Martin Luther, Lateinisch-deutsche Studienausgabe Bd. 1, hrsg. v. Wilfried Härle, Johannes Schilling und Günther Wartenberg, Leipzig: EVA, 2006, S. 669.

Dass der Mensch trostbedürftig ist, kann im Horizont reformatorischer Anthropologie pointiert so ausgedrückt werden: Der Mensch ist Geschöpf, das heißt: er ist »passiv« konstituiert. Er und sie erschafft sich nicht selbst, genau so wenig kann er und sie sich selbst trösten. Allerdings: Wenn der *einzige* Trost ist, dem »getreuen Heiland Jesus Christus zu eigen zu sein«, wie es die erste Frage des Heidelberger Katechismus ausdrückt, dann ist mit diesem Getröstet-Werden zugleich auch die Möglichkeit, die Fähigkeit, die Notwendigkeit mit gesetzt, selbst zum Tröster und zur Trösterin zu werden, also in einer elementaren mitmenschlichen und mitgeschöpflichen Solidarität zu allem Geschaffenen zu stehen. Getröstet werden und Trösten ist dann auch eine Anweisung dazu, »wie Geschöpfe (zu) leben«[2].

Dieser Trost ist nun alles andere als ein blasses Gedankengebilde, er geschieht in leibhaftigen Praktiken und ist verbunden mit tiefen Gefühlen, wo jemand berührt, aufrichtet, speist und tränkt: »Steh auf und iss«, spricht der »Engel« zu Elia, »du hast einen weiten Weg vor dir.«

Die Praktiken des Tröstens richten sich auf die Personmitte des trostbedürftigen Menschen, an Herz oder Seele. Besonders deutlich wird dies in Worten, die stärken und ermutigen. Genau dies ist nach dem Zeugnis des Johannes-Evangeliums das Werk des Heiligen Geistes, des Parakleten. Luther hat das griechische »Parakletos« mit »Tröster« übersetzt, man könnte auch sagen: der Heilige Geist ist derjenige, der »zuruft« oder Gutes »zuspricht«. Die deutsche Redewendung »jemandem gut zureden« ist blass geworden, trifft aber in ihrem Grundsinn genau das, worum es geht im so beschriebenen Werk des Heiligen Geistes: Jesus Christus heilsam vergegenwärtigen, so dass der dreieinige Gott »Wohnung nimmt« im Herzen desjenigen, der die Worte »bewahrt« (Joh 14,23.26).

Dazu gehört nun allerdings auch das Aufdecken, das Korrigieren und das Neuausrichten. Es gibt ja, so der Apostel Paulus in 2. Kor 7, auch eine Traurigkeit, Paulus nennt sie die »göttliche« Traurigkeit, in der der Mensch verzweifelt über seine Gebundenheit und Verkehrung. Dies ist die andere Seite der geschöpflichen Würde, der Freiheit, in die der Mensch hineingerufen ist. Trost heißt dann auch: das Wort hören, das zur Umkehr und zur Einkehr ruft. Es gibt die kleine Münze des Trostes, die unspektakuläre und doch so wohltuende und tiefgehende Alltäglichkeit der Zuwendung. Und es gibt diesen letzten Ernst

Die Praktiken des Tröstens richten sich auf die Personmitte des trostbedürftigen Menschen, an Herz oder Seele.

Es gibt diesen letzten Ernst des Trostes, der auf eine erneuerte Lebensgestalt zielt, auf den geistlichen Weg zielt.

---

2 So der Titel der großen Ethik von Hans G. Ulrich: Ders., Wie Geschöpfe leben. Konturen evangelischer Ethik, Berlin: LIT, 2. A. 2007.

des Trostes, der auf eine erneuerte Lebensgestalt zielt, auf den geistlichen Weg zielt, durch das Zerbrechen des alten Menschen hindurch, durch Einsicht, Bekenntnis, Vergebung und Erneuerung.

Die Beiträge dieses Heftes gehen dieser ebenso begrifflich-theologischen wie praktisch-seelsorglichen Spannweite der verschiedenen Gestalten des Trostes nach. *Michaela Bauks,* Professorin für Altes Testament an der Universität Koblenz, erschließt die außerordentliche Bedeutungsvielfalt des Trostes in alttestamentlichen Texten. Dabei kommen auch wenig offensichtliche Zusammenhänge in den Blick: die Gestalt des Noah etwa, der nach Gen 5,29 »trösten« wird angesichts der mühevollen Arbeit des Ackerbaus, die dem aus dem Paradies vertriebenen Menschen auferlegt ist. Eine ganze Theologie des Tröstens als eines schöpferischen Neubeginnens lässt sich daran entfalten.

Holger Eschmann, Praktischer Theologe an der Theologischen Hochschule Reutlingen, folgt in seinem Beitrag der Spur des Trostes durch die Zeiten. Der »tröstliche Sprachgewinn« des Glaubens, besonders in der Sprachform der Klage, zeigt seine Kraft und Bedeutung gerade angesichts des Vorwurfes, religiöser Glaube sei nicht mehr als eine »Vertröstung«.

Nico Szameitat, Pfarrer in Oldenburg und »Predigtcoach«, hält eine adventliche Trostpredigt und nimmt uns darin mit auf einen Weihnachtsmarkt, der zum Trostort wird – in zwischenmenschlicher Begegnung, in sinnlich vielfältigem, zwischen Musik, Farben und Düften changierendem Berührtsein.

Konrad Klek, Professor für Kirchenmusik in Erlangen, ruft die tröstende Kraft der Musik in Erinnerung. An den Beispielen des bekannten Requiems von Johannes Brahms, des viel weniger bekannten des Heinrich von Herzogenberg und Johann Crügers »Praxis Pietatis melica« geht Konrad Klek der »trostreichen« Verschränkung von Musik und Text nach und markiert darin eine bis heute besonders lebendige und wirksame Praxis des Tröstens.

Der Psychiater *Horst Stephan Neues,* Probemeister der Evangelischen Michaelsbruderschaft, reflektiert Erfahrungen des Trostes aus seiner jahrzehntelangen medizinischen Praxis. Er betont die »Wurzeln des Getröstetwerdens«, die schon in der Kindheit angelegt werden, die Bedeutung von Bindungen und Weggeleit.

Die Unverfügbarkeit des Trostes, die sich nicht durch Professionalisierung zähmen lasse, beschreibt *Karsten Wächter, Militärdekan in Bonn.* Diese Unverfügbarkeit zeigt sich im leibhaften Genuss einer warmen Suppe ebenso wie darin, dass gestandene Soldaten plötzlich heilsame Tränen zulassen können.

Wie Trost aus tiefer Hilflosigkeit und Trostlosigkeit erwächst, zeigt *Thomas Kiesebrink*, Pfarrer in Südbaden, am eindrücklichen Beispiel des Johannes vom Kreuz. Das »Sólo Dios basta« (Allein Gott genügt) wird zur knappen Summe eines Lebensweges, der von einem »liebevollen Aufmerken« auf die Gegenwart Gottes geprägt ist – und davon, loszulassen, was auf falsche Weise bindet.

Heiko Wulfert hat unter der Rubrik »Stimmen der Väter und Mütter« Texte zum Trost aus mittelalterlichen Quellen zusammengestellt – unter anderem den Brief der niederländischen Mystikerin Hadewych an ihre »Herzliebe«. »Gott gebe dir Trost und Freude in ihm selbst«. Diese Bitte der Hadewych fasst wohl am klarsten das Anliegen dieses Quatemberheftes zusammen!

»Gott gebe dir Trost und Freude in ihm selbst«

Zu diesen thematischen Beiträgen gesellt sich der Bericht, den *Mario Fischer*, Generalsekretär der Konferenz evangelischer Kirchen in Europa, von der Vollversammlung der GEKE im Jahr 2018 gibt – ein notwendiger Ruf auf den gemeinsamen Weg der europäischen Kirchen angesichts des wohl doch bevorstehenden »Brexit« und anderer Zentrifugalkräfte im Europa des Jahres 2019.

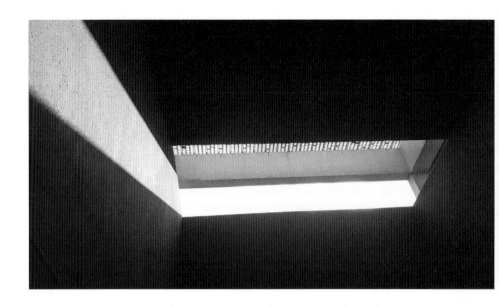

Ehrenmal der Bundeswehr Berlin.
Foto: Roger Mielke

Trost

von Michaela Bauks

Wenn wir an Trost im Alten Testament denken, kommen uns sogleich Jesajatexte in den Sinn. »Tröstet, tröstet mein Volk« setzt in Jes 40,1 das sogenannte Buch Deutero-Jesaja ein, eine Schrift, die auf den Untergang Jerusalems und des Tempels im Jahr 587/86 v. Chr. in Folge der Belagerung durch den babylonischen König Nebukadnezar zurückschaut. Während die sich ebenfalls auf dieses, für das Volk Israel so tiefgreifende Ereignis bezogenen Klagelieder (Threni) feststellen, dass »keiner da ist, der (sie) tröstet« (Klgl 1,2.16), entwirft das sogenannte »Trostbuch« (Jes 40ff) ein Bild davon, wie sich Gott seinem Volk in liebevoller und verantwortungsvoller Weise neu zuwendet. Es bezieht sich dabei auf zahlreiche theologische Topoi des Alten Testaments wie Schöpfung, Bund, Exodus u. a. Die schöpfungstheologische Dimension spiegelt sich z. B. in der hymnischen Aufforderung »Jauchzet, ihr Himmel; freue dich, Erde! Lobet, ihr Berge, mit Jauchzen! Denn der HERR hat sein Volk getröstet und erbarmt sich seiner Elenden« (Jes 49,13). In diesem Lobpreis ist der ganze Kosmos aufgerufen, sich an dem von Gott zugesprochenen Trost zu erfreuen. Doch wer ist Adressat des göttlichen Zuspruchs? Erst einmal richtet sich der Trost an das »Volk« (Jes 40,1; Israel-Jakob), dann aber auch an Jerusalem (Jes 40,1f) sowie schließlich an Zion, deren Trümmer Gott tröstet und deren Wüste in Eden / den Garten des HERRN verwandelt wird, woraus das Lob schließlich erwächst (Jes 51,3). Was ursprünglich ganz konkret und materiell auf die Stadt (und metonymisch auf ihre Bewohner) bezogen ist, hat, wie schon Jes 49,13 in seiner Bildsprache klar anzeigt, darüber hinaus Auswirkungen auf den gesamten Kosmos. Der mit Jes 51,3 ähnlich klingende Vers in Jes 52,9 stellt die Tragweite des göttlichen Heilshandelns in einen noch weiteren Rahmen:

»9 Seid fröhlich und jubelt miteinander, ihr Trümmer Jerusalems; denn der Herr hat sein Volk getröstet und Jerusalem erlöst. 10 Der Herr hat offenbart seinen heiligen Arm vor den Augen aller Völker, dass aller Welt Enden sehen das Heil unsres Gottes.«

An dieser Stelle stellt sich die Frage, wer an dem Heil letztlich partizipiert, einmal mehr: Sind die Völker nur Zuschauer der Wiederaufrichtung (»Restauration«) des so schmählich gestraften und politisch preisgegebenen Volkes Israel? Oder werden die Völker selbst zu Nutznießern, d. h. sie werden in Zukunft selbst an dem Bund partizipieren, wie es der spätnachexilische Text in Jes 66,12–14 deutlich nahelegt:

> »12 Denn so spricht der Herr: Siehe, ich breite aus bei ihr [Zion/Jerusalem] den Frieden wie einen Strom und den Reichtum der Völker wie einen überströmenden Bach. Da werdet ihr saugen, auf dem Arm wird man euch tragen und auf den Knien euch liebkosen. 13 **Ich will euch trösten, wie einen seine Mutter tröstet;** ja, ihr sollt an Jerusalem getröstet werden. 14 Ihr werdet's sehen und euer Herz wird sich freuen, und euer Gebein soll grünen wie Gras. Dann wird man erkennen die Hand des Herrn an seinen Knechten und den Zorn an seinen Feinden.«

»Ich will euch trösten, wie einen seine Mutter tröstet.«

Der mütterliche Zug des göttlichen Tuns entspricht dem Befund, dass das hebr. Wort für Erbarmen (s. o. Jes 49,13) eine übertragene Bedeutung des hebräischen Primärbegriffs *räḥäm* »Gebärmutter« darstellt (Jes 46,3f). Der tröstende und erbarmende Gott ist im Jesajabuch wiederholt mütterlich gezeichnet (Jes 42,13f; 49,14f). Das Trostgeschehen ist zudem in Worten des Pflanzens (Jes 61,3) und Sprossens (Jes 66,14) geschildert. Das sind verbreitete Bilder altorientalischer Menschenschöpfungsvorstellungen, welche die kosmische Dimension göttlichen Tröstens andeuten. In dem zitierten Kontext geht es um »Neuschöpfung«, die das »Aufblühen« von Menschen in neuen Lebensbezügen in Aussicht stellt.

Das tröstende Handeln Gottes im Jesajabuch ist als die unabdingliche Folge des ungeschminkten Gerichtshandelns dargestellt, das Gott an seinem abtrünnig gewordenen Volk vollzogen hat. Während die Klagelieder eben diesen schwierig zu deutenden, ambivalenten Zug Gottes im Anklagemodus reflektieren und vor allem das Hadern des »gerichteten« Menschen mit seinem Kriegsschicksal beschreiben, geht Deutero-Jesaja deutlich von der Berechtigung Gottes zur Durchführung eines Strafgerichts aus: »Der Frondienst ist vollendet, die Schuld ist abgetragen. Denn es (das Volk) hat von der Hand des Herrn das Doppelte empfangen für all seine Sünden« (Jes 40,2). Zwar reflektiert der Text, ob sich die Trostverkündigung überhaupt lohnt (V. 1–11), doch zeigt die Frage nach dem Wesen des Trösters (V. 12ff), dass seine Unvergleichbarkeit und Stärke ihn zur besten Quelle werden lässt, die sich das Volk in seinem Leid erhoffen kann (vgl. dazu U. Berges/W. van Beucken, Das Buch Jesaja. Eine Einführung [utb 4647], Göttingen 2016, 136–139). Schon in dem Eröffnungskapitel in Jes 40 ist das Ereignis des Tröstens in kosmischen Farben gezeichnet, die einerseits die Unvergleichbarkeit und

Überlegenheit Gottes hervorheben, andererseits aber die gesamte Schöpfung in das Geschehen der Restauration eingeschlossen sein lassen. Es sind gerade die kosmischen Anleihen, die den oben aufgeworfenen universalisierenden Bezug, der die Adressatenschaft der göttlichen Zuwendung über Israel hinaus bestimmt, zumindest vorbereiten. Im Zentrum des Trostes steht das Harren auf Gott, der den Menschen neue Kraft gibt (Jes 40,31:»Aber die auf den HERRN harren, kriegen neue Kraft, dass sie auffahren mit Flügeln wie Adler, dass sie laufen und nicht matt werden, dass sie wandeln und nicht müde werden.«).

Im Rahmen unseres modernen Denkens wirkt der Zusammenhang von Trösten und Strafen erst einmal sperrig; einem hebräisch denkenden Menschen stieß er wohl weniger auf. Denn eine gewisse Ambivalenz ist bereits dem hebräischen Verb *naḥam* zu eigen, das ein unerwartet breites Bedeutungsspektrum abdeckt: es reicht von »trösten bzw. getröstet werden« bis zu »bereuen / sich etwas gereuen lassen« bzw. »sich trösten lassen / getröstet werden / Mitleid haben / Leid tragen um jemanden / sich erbarmen« oder sogar bis zu der Bedeutung »sich rächen« (vgl. P. Riede, Art. Trost, Tröster, trösten, § 1, www.wibilex.de, Zugriff 8.8.19). Strukturell betrachtet schließen die Wortfelder »bereuen« und »trösten« in moderner Sicht »den emotionalen Bereich (Veränderung in den Empfindungen dessen, der bereut oder tröstet), verbunden mit faktischer Ineffizienz ein: Reue über etwas, was schon geschehen ist oder nicht geändert werden kann: Trost für den, dem man nicht wirksam helfen kann« (ThWAT 5, 367). Anders aber das hebr. Verb: Es beschreibt unabhängig von der konkreten Bedeutung des Bereuens oder Tröstens »die Einflussnahme auf eine Situation..., indem man den Verlauf der Dinge ändert, sich von einer Verpflichtung löst oder von einer Handlung abläßt, wenn es sich um etwas Gegenwärtiges handelt; die Entscheidung wird beeinflußt, wenn es sich um etwas Zukünftiges handelt; die Konsequenzen einer Handlung nimmt man an oder hilft, sie anzunehmen, oder man löst sich im Gegenteil affektiv von ihnen, wenn es sich um etwas Vergangenes handelt« (a. a. O., 369). Das Verb besitzt zwar – je nach zeitlicher Perspektivierung – unterschiedliche Modi; allen ist jedoch gemeinsam, dass sie Prozesse wie Entscheidung – Effekt und Emotion – Affekt anders als in der modernen Wahrnehmung als unlösbar miteinander verbunden denken. Es geht um das Schaffen von Erleichterung in notvoller Lage (P. Riede, Trost, der ins Leben führt. Ein Beitrag zum Menschen- und Gottesverständnis des Alten Testaments [BThSt 138], Neukirchen-Vluyn 2013, 9).

Im Zentrum des Trostes steht das Harren auf Gott, der den Menschen neue Kraft gibt.

»Und er gab ihm den Namen Noah, indem er sagte: Dieser wird uns trösten.«

Genesis 5,29

An einer ganz anders situierten Stelle ist dieses extreme Bedeutungsspektrum in besonderer Weise reflektiert, nämlich in der Volksätiologie des Noah-Namens in Gen 5,29: »Und er gab ihm den Namen Noah, indem er sagte: Dieser wird uns *trösten (naham)* von unserer Arbeit und der Mühsal (*'izabôn*) unserer Hände von dem Erdboden, den der HERR verflucht hat.«

Diese kurze, in die Adam-Genealogie eingelassene Notiz ist vielleicht kein Text, der dem Bibelleser ins Auge springt. Doch ist er theologisch äußerst aussagekräftig, da er – im intertextuellen Spiel mit den Schöpfungs- und Fluterzählungen – eine Art Summarium urgeschichtlicher Theologie formuliert.

Die Erzählung von Gen 2–3 erzählt nicht nur, wie das Menschenpaar nach der Übertretung aus dem einem Heiligtum verwandten Garten in Eden vertrieben wird, sondern belegt die Protagonisten zudem mit Strafsprüchen, die die *conditio humana* nachhaltig prägen: Während die Frau Mühsal (*'izabôn*) *und* Geburt erleiden muss (Gen 3,16; »Mühsal deiner Schwangerschaft« wäre eine zu enggeleitete Übersetzung), trifft den Mann der Fluch des Erdbodens, der seine landwirtschaftliche Arbeit negativ belastet, indem er nur »mit Mühsal davon essen soll alle Tage seines Lebens« (Gen 3,17). Sowohl die Mühsal (*'izabôn* – das Wort begegnet nur an diesen drei Stellen im AT), die das Leben von Mann und Frau prägt, als auch der verfluchte Erdboden sind in Gen 5,29 zitiert. Einerseits geht es sicherlich um die Erfahrung der Beschwernisse menschlichen Lebens, von denen Noah trösten soll. Noah, dessen Name auch von dem Verb *nûḥ* für »ruhen« abgeleitet wird (so liest die griech. Übersetzung der Septuaginta: »er wird uns Ruhe verschaffen«), ist in Gen 9,20 als erster Weinbauer geschildert, was seine enge Verbundenheit mit dem Boden einmal mehr hervorhebt. Andererseits thematisiert diese Stelle auch so etwas wie »zivilisatorischen Fortschritt«, der anzeigt, dass der Erdboden nicht nur Dornen und Disteln trägt, sondern auch Wein hervorzubringen vermag. Noah schafft Trost nicht nur durch sein Dasein als ein vielversprechendes Kind Lamechs, sondern auch durch ein Kultur- bzw. Luxusprodukt (vgl. Ri 9,13; Ps 104,15; Spr 31,6f; Jer 16,7; Sach 8,12), welches den auf dem Erdboden lastenden Fluch relativiert (B. Jacob, Das Buch Genesis, Stuttgart 2000, 166f; vgl. Riede, Trost, 11–13).

Was bedeutet aber dann in diesem Zusammenhang »trösten«? Geht es um warme Worte, den Zuspruch von Mut oder Durchhalteparolen des gerechten und geretteten Sintfluthelden an die (zukünftige) Menschheit, die durch ihren Ungehorsam das Leben vor Gott in seiner Fülle verloren hat? Nein, das wäre wohl zu wenig. Denn Noah kommt hier eine geradezu gottähnliche

Funktion zu. Er soll trösten im Sinne der *imitatio Dei*. Er ist nicht nur der überlebende Gerechte, sondern er verkörpert auch den Neubeginn nach der Flut, die »neue Schöpfung«. Auf ihr liegt nicht nur die Verheißung, dass sie nicht wieder vertilgt werde, obwohl das menschliche Herz – nach wie vor – böse von Jugend auf ist (Gen 8,21). Sondern die neue Schöpfung lässt trotz der bleibenden Ambivalenz zivilisatorische Leistung zu. Übrigens zeigt auch Gott in der Fluterzählung *naham*, aber diesmal in der Bedeutung von »Reue«: Gen 6,6f nach vernimmt Gott, wie böse das Herz der Menschen ist und empfindet – wenn auch unter großem Schmerz – Reue gegenüber seinem Schöpfungswerk. Das führt schließlich dazu, dass er sich affektiv von ihm löst und sich entschließt, die Schöpfung – abgesehen von dem symbolischen Rest in der Arche – zu zerstören. Doch folgt in Gen 8,1 ein Wendepunkt in Form seines Gedenkens (*zakar*). Gott erinnert sich an den geretteten »Rest« und fängt an, die Flut ab- bzw. die Schöpfung neu aufzubauen. Zwar begegnet das Verb *naham* in der Bedeutung »trösten« in diesem Zusammenhang nicht mehr, sondern ist durch das Gedenken ersetzt. Doch ist beiden Begriffen strukturell gemeinsam, dass Gott Einfluss auf eine Situation nimmt und konkret Veränderung einleitet. Auch wenn der Begriff nicht begegnet, könnte man von einer »zweiten Reue« sprechen, wenn Gott in Gen 8,21 zusagt, den Erdboden nicht nochmals verfluchen zu wollen und damit Gen 3,17 widerspricht, obwohl die Natur des Menschen weiterhin böse ist. Gott identifiziert sich hier mit der Schwachheit der Menschen.

Es liegt in dem urgeschichtlichen Geschehen deutlich der Vorgang eines Sinneswandels Gottes vor, wie ihn auch die Deutero-Jesaja-Texte beschreiben. In deutero-jesajanische Sprache übersetzt könnte man sagen: Nachdem die Schuld für die Gewalt in und an der Schöpfung abgetragen ist, wendet sich Gott seinen Geschöpfen in Noah, seiner Familie und den Tieren erneut zu und baut die Schöpfung wieder auf.

Ich möchte auf eine letzte Passage aus Deutero-Jesaja eingehen, die mir diesen theologischen Zusammenhang ausdrucksstark zusammenzufassen scheint. Zwar kommt auch hier »trösten« nicht vor, sondern »erbarmen«. Doch angesichts der Beobachtung, dass das Trösten im Verweis auf Gott nichts mit Worten oder kleinen Gesten, sondern mit schöpferischen Taten und Veränderung zu tun hat, kann *raham* »erbarmen« im Sinne eines mütterlich konnotierten, schöpferischen Akts vielleicht sogar als theologisches Synonym betrachtet werden. Denn im Trösten, Erbarmen und Gedenken geht es um die konsequente Zuwendung Gottes.

Das Trösten hat im Verweis auf Gott nichts mit Worten oder kleinen Gesten, sondern mit schöpferischen Taten und Veränderung zu tun.

In jedem Fall fasst die Heilsankündigung in Jes 54,7–10 den Prozess von göttlichem Zorn oder Reue, an dessen Ende Gedenken oder Trost warten, um seinen Geschöpfen Leben zu ermöglichen, eindrucksvoll zusammen:

> 7 Einen kleinen Augenblick habe ich dich verlassen, aber mit großem Erbarmen werde ich dich sammeln. 8 Im aufwallenden Zorn habe ich einen Augenblick mein Angesicht vor dir verborgen, aber mit ewiger Gnade werde ich mich über dich erbarmen, spricht der HERR, dein Erlöser. 9 Wie die Tage Noahs [gilt] mir dies, als ich schwor, daß die Wasser Noahs die Erde nicht mehr überfluten sollten, so habe ich geschworen, daß ich dir nicht mehr zürnen noch dich bedrohen werde. 10 Denn die Berge mögen weichen und die Hügel wanken, aber meine Gnade wird nicht von dir weichen und mein Friedensbund nicht wanken, spricht der HERR, dein Erbarmer (Übersetzung H.-J. Hermisson).

»Der ›kleinen‹ Zeit der Verlassenheit im Exil steht um so größer das Erbarmen Jahwes gegenüber« (H.-J. Hermisson, Deuterojesaja 49,14–55,13 [BKAT 11/3], Göttingen 2017, 514). Es geht wiederum um die Folge von Zorn und Erbarmen/Gnade. Diesem Text steht unmittelbar – wenigstens in der vorliegenden Endgestalt – mit dem vierten Gottesknechtslied (Jes 52,13–53,12) ein Text voran, der, mit Noah durchaus vergleichbar, die Figur eines Gerechten bemüht, der als Dritter zwischen Gott und Israel/Menschheit den Heilsplan Gottes umzusetzen hilft.

Peter Riede (Trost, 113–118) hat die Bedeutung von Trost im Alten Testament in einigen Thesen dargelegt, die unterstreichen, wie performativ das Trösten wirkt, von denen ich folgende aufnehmen möchte, die das Dargelegte zusammenfassen:

1. Trost führt ins Leben, indem er den leidenden Menschen stärkt, reaktiviert und als Ausdrucksform der Erleichterung zum Jubel führt.
2. Trost/Trösten äußerst sich in Solidarität mit dem Trauernden oder Bedürftigen, der darüber hinaus aktiv Hilfe erfährt, die ihn aus der Not herausführt.
3. Der Trost führt aus der Isolation in die Gemeinschaft, aus der Vereinzelung in Beziehung.
4. Die Rede von Trost markiert grundsätzlich das Recht, Leid in Klage zu benennen und um Rettung zu bitten. Dieser, besonders in den individualen Klagepsalmen und im Hiobbuch begegnende Zug ist auch den oben genannten Belegen nicht fremd.

5. Göttlicher Trost geht einher mit existenzieller Rettung, Sättigung und Überfluss. Er materialisiert die Wende im alltäglichen Leben.

Die Bibelstellen sind, soweit nicht anders vermerkt, nach der Revision der Lutherbibel (2017) zitiert.

Michaela Bauks (Promotion Heidelberg; Habilitation Strasbourg) war zehn Jahre als Professorin an der Theologischen Fakultät des Institut Protestant de Théologie in Montpellier tätig. Seit 2005 ist sie Professorin für Bibelwissenschaft (Altes Testament) und Religionsgeschichte an der Universität Koblenz. Sie ist Mitherausgeberin des Wissenschaftlichen Bibellexikons im Internet (www.wibilex.de) in Kooperation mit der Deutschen Bibelgesellschaft.

Vom Trost, der trägt

Theologisch-seelsorgliche Überlegungen[1]

von Holger Eschmann

Wer sich heute zum Thema Trost äußert, muss mit Vorbehalten rechnen. Die Worte »Trost« und »Trösten« klingen leicht altmodisch, sie riechen nach Kirchensprache oder gar nach einem unangenehmen »Vertrösten« auf das Jenseits. Wenn man von einem Trostpflaster spricht, ist das ein verniedlichender Begriff für etwas, das einen kurzfristig beruhigt wie ein Stück Schokolade oder ein Glas Wein. Auch der Begriff Trostpreis macht es nicht besser, denn man weiß, dass ein Trostpreis für diejenigen gedacht ist, deren Leistung eigentlich keinen Preis verdient hat. Nur in den verneinenden Formen klingt noch etwas von der ursprünglichen Ernsthaftigkeit und Kraft des Wortfeldes mit. Wenn etwas »trostlos« ist – eine Landschaft oder gar eine Lebenssituation –, oder wenn jemand »untröstlich« ist, weil er z. B. durch ein Unglück einen geliebten Menschen verloren hat, dann ist das nichts Harmloses oder Verniedlichendes. Dann werden wir daran erinnert, dass Trost durchaus lebensnotwendig sein kann.

Wenn man 500 Jahre zurückschaut, stand die Vermittlung von Trost ganz selbstverständlich im Mittelpunkt der kirchlichen Verkündigung und Seelsorge. Das lässt sich durch viele Trostbriefe und Trostpredigten seit dem 16. Jahrhundert nachweisen, später auch in der Erbauungsliteratur des 17. bis 19. Jahrhunderts und in den älteren Gesangbüchern der Kirchen. Die erste Frage des Heidelberger Katechismus, der wichtigsten Bekenntnisschrift der reformierten Christen, beginnt programmatisch mit der Frage: »Was ist dein einziger Trost im Leben und im Sterben?« Und die Seelsorge des Reformators Martin Luther kann man treffend in dem Begriff Trost zusammenfassen.[2]

»Was ist dein einziger Trost im Leben und im Sterben?«

Wir sehen: Das Wort Trost war für den christlichen Glauben einmal sehr zentral. Seit rund fünfzig Jahren ist allerdings eine Wende zu beobachten. Im aktuellen Evangelischen Gesangbuch und auch in vielen modernen Bibelübersetzungen wird das Wort Trost eher vermieden. Genauso spärlich findet man es in der Seel-

---

[1] Vgl. zum Folgenden ausführlich H. Eschmann, Theologie der Seelsorge. Grundlagen – Konkretionen – Perspektiven, Neukirchen-Vluyn ²2002, 121–151.

[2] Vgl. C. Möller, Martin Luther, in: ders. (Hrsg.), Geschichte der Seelsorge in Einzelporträts, Bd. 2, Göttingen 1995, 24–44.

sorgeliteratur seit den 1970er Jahren.[3] Wie kam es zu dieser Entwicklung?

1. Die neuzeitliche Infragestellung des Begriffs Trost

In der Neuzeit, also seit rund 400 Jahren, erfolgte eine Verschiebung der Bedeutung des Wortes Trost weg von der aktiven »sichtbare(n) Hilfe« hin zu einer innerlichen »seelische(n) Stärkung«, wie das von den Brüdern Grimm begründete Deutsche Wörterbuch feststellt.[4] Der sich verändernde Sprachgebrauch hat also zu einer Verinnerlichung und Spiritualisierung des Trostverständnisses geführt, während der Trost als sichtbare und konkrete Hilfe in einer bedrängenden Lebenssituation dabei zurücktrat.

An zwei Stellen lässt sich diese Entwicklung besonders deutlich festmachen: Der Philosoph und Gesellschaftskritiker Karl Marx (1818–1883) verstand die Religion nicht zuletzt wegen ihrer Trost stiftenden Funktion als »*Opium* des Volks«. Er meinte, dass der Glaube *ver*tröste, statt der Trostlosigkeit auf den Grund zu gehen und ihre Ursachen zu beseitigen. Darum forderte er die »Aufhebung der Religion als des *illusorischen* Glücks des Volkes«[5] im Namen einer aktiv zu gestaltenden menschenwürdigen Welt. Ähnlich war es bei dem Psychologen Sigmund Freud (1856–1939). Er leitete die Religion letztlich aus dem Trost- und Schutzbedürfnis des Menschen her. In einer frühen Schrift bezeichnete er den christlichen Glauben als »Illusion«, mit der der Mensch getröstet und seine Angst beschwichtigt werde. Man suche in seiner Hilflosigkeit Beistand bei dem großen, allmächtigen Vater und bleibe dabei zeitlebens ein Kind. Dieser »Infantilismus«, dem der religiöse Mensch anheimfalle, ist nach Freud »dazu bestimmt, überwunden zu werden... Der Mensch kann nicht ewig Kind bleiben, er muss endlich hinaus ins ›feindliche Leben‹.«[6] Wie bei Marx wird auch bei Freud das Trösten als etwas beschrieben, das die produktive Aktivität des Menschen dämpft und lähmt. So berechtigt diese Hinweise bei manchen Ausprägungen des christlichen Glaubens im Verlauf der Kirchengeschichte sein mögen, muss doch gefragt werden, ob sie wirklich das Verständnis von Trost treffen, das sich in den biblischen Schriften und später bei den Reformatoren findet.

---

[3] Vgl. dazu programmatisch H. Luther, Die Lügen der Tröster. Das Beunruhigende des Glaubens als Herausforderung für die Seelsorge, in: Praktische Theologie 33 (1998), 163–176.

[4] J. Grimm/W. Grimm, Deutsches Wörterbuch, Bd. 22, München 1984, 903.

[5] K. Marx, Zur Kritik der Hegelschen Rechtsphilosophie, in: ders., Die Frühschriften, hrsg. v. S. Landshut, Stuttgart 1953, 208.

[6] S. Freud, Die Zukunft einer Illusion, in: ders., Studienausgabe, hrsg. v. A. Mitscherlich u. a., Bd. 9, Frankfurt 1974, 182. Zur Auseinandersetzung mit Freud vgl. C. Schneider-Harpprecht, Trost in der Seelsorge, S. 84–96.

2. Zum biblischen Befund

Schauen wir zunächst in die Bibel, was sie zum Thema Trost und Trösten sagt. Dies kann in diesem Rahmen nur zusammenfassend geschehen.

Im Alten Testament wird für »trösten« vor allem das Verb *nacham* verwendet. Im Gegenüber zu unserem modernen Verständnis von Trost fällt auf, dass das Trösten im Alten Testament als ein höchst effektives Geschehen verstanden wird. Es zielt in der Regel auf eine Veränderung der leidvollen Situation und keinesfalls auf ein bloßes Vertrösten. Das Trösten im biblischen Verständnis ist also nicht auf einen rein innerlichen Vorgang zu beschränken. Es ist auch mehr als ein nur gut gemeintes, unverbindliches Zureden. Trost wird im Alten Testament als notwendig im Sinne des Abwendens einer Not[7] verstanden. Wo hingegen die Tröster fehlen – wie es in Prediger 4,1 heißt –, ist das menschliche Leben zutiefst gefährdet und infrage gestellt, denn Trostlosigkeit ist biblisch gesehen ein »Ausdruck des Schweigens Gottes in der menschlichen Existenz«[8].

Das Verb *trösten* findet sich gehäuft vor allem in den Psalmen und bei dem Propheten Jesaja. In den Psalmen sind es insbesondere die Klagepsalmen, in denen das Trösten eine bedeutsame Rolle spielt. Wie vollzieht es sich hier? Zunächst einmal wird in der Klage der erlebten Not Sprache verliehen. Die unheilvolle Tendenz des Leids, nämlich die Betroffenen zum Schweigen zu bringen (Ps 39,3), wird durchbrochen: »Die Angst findet eine Sprache, sie wird ans Licht geholt. Sie wird damit nicht gegenstandslos, aber so kann ich lernen, mit ihr umzugehen ... Angst dagegen, die sprachlos bleibt, sinkt in die Tiefen meines Unbewußten ab und setzt sich dort fest oder setzt Metastasen, die plötzlich an ganz anderen Stellen aufbrechen.«[9]

In der Klage bleibt der Beter mit seinem Leid nicht allein, denn im Schrei zu Gott findet er ein Gegenüber. Mit der Schilderung seiner Not, mit Bitten und sogar mit Anklagen Gottes (Ps 22,2; 42,10; 88,15 u. a.) appelliert der in Not geratene Mensch an den, von dem er weiß, dass von ihm allein die Hilfe kommt (Ps 121,2). Denn aus der Sicht des Beters ist es letztlich die erlebte Gottesferne, die bei aller konkreten Not als tödliche Bedrohung erfahren wird, und es ist Gottes Zuwendung und Nähe, die wieder Leben

---

[7] Vgl. F. Kluge, Etymologisches Wörterbuch der deutschen Sprache, Berlin/New York [22]1989, 508.

[8] H. Simian-Yofre, Art. נחם, in: ThWAT (Theologisches Wörterbuch zum Alten Testament), Bd. 5, 382.

[9] I. Baldermann, Psalmen, in: C. Möller (Hrsg.), Geschichte der Seelsorge in Einzelporträts, Bd. 1, Göttingen 1994, 26.

schaffen. Diese Bewegung, nämlich in der Erfahrung von Gottes bedrohlicher Abwendung gerade Gottes Nähe zu suchen, wurde von Martin Luther auf die paradoxe lateinische Formel *ad deum contra deum confugere* gebracht. Die Angefochtenen sollen vor Gott weg zu Gott hin fliehen. Sie sollen mit Gott gegen Gott kämpfen und gewinnen. Obwohl also Gott in der Krise als bedrohlich und als unendlich ferne erfahren wird, soll der Beter nun gerade zu Gott hin fliehen, um dort das lebensschaffende Wort von der Liebe Gottes neu zu erfahren.

So hilfreich in der Not bereits das Klagen vor Gott und die Wendung zu ihm hin ist, bleiben die Klagelieder der Psalmen nicht in der Klage stecken. Es ist auffallend, dass nahezu alle Klagepsalmen den Schritt von der Klage und Bitte zu Lob und Dank vollziehen. Getröstet wird, wer diesen Weg aus der Klage ins Lob mit Hilfe der Sprache der Psalmen nachzubuchstabieren beginnt und sich mit seiner Existenz in diesen Prozess hineinnehmen lässt.

Am häufigsten findet sich das alttestamentliche Wort für »trösten« bei Jesaja in den Kapiteln 40 bis 55 (Deuterojesaja). Hier steht allerdings nicht der Trost des einzelnen Menschen im Vordergrund, sondern der Trost des Volkes Israel.[10] Wenn man auf die Funktion des Trostes im Jesajabuch schaut, ist auch hier zu beobachten, dass einerseits ein Zuspruch erfolgt: »Tröstet, tröstet mein Volk!, spricht euer Gott. Redet mit Jerusalem freundlich und predigt ihr, dass ihre Knechtschaft ein Ende hat; dass ihre Schuld vergeben ist!« (Jes 40,1). Da diese Botschaft des Trostes aber mit der Rückführung des Volks aus dem babylonischen Exil nach Israel in Zusammenhang steht, wird deutlich, dass der Trost nicht bloß als innerliche Vertröstung in einer Notsituation verstanden wurde, sondern bereits auf das helfende Eingreifen Gottes hinweist.

Im Neuen Testament begegnet im Umfeld des Tröstens vor allem das griechische Wort parakalein. Es kommt besonders häufig bei Paulus im 2. Korintherbrief vor. Gleich zu Beginn des Briefes (2 Kor 1,3–11) stellt Paulus den Gedanken einer Leidens- und Trostgemeinschaft vor Augen. Es ist eine Gemeinschaft, die sowohl zwischen den Christinnen und Christen untereinander als auch mit ihrem gekreuzigten und erhöhten Herrn, Jesus Christus, besteht. Trost wird als ein Beziehungsgeschehen dargestellt. Dabei macht Paulus deutlich, dass vor allem *der* Mensch zu trösten vermag, der selbst von dem »Vater der Barmherzigkeit und Gott allen

---

[10] So gibt z. B. die Lutherübersetzung Deuterojesaja die Überschrift »Das Trostbuch von der Erlösung Israels«; die Neue Jerusalemer Bibel von 1985 verwendet die Formulierung »Israels Trostbuch«.

Trost ist kein Vertrösten auf irgendwann, sondern konkrete Hilfe in der konkreten Not – innerlich und äußerlich.

Trostes« (2 Kor 1,3) getröstet wird. Wie beim alttestamentlichen Trostbegriff ist auch bei Paulus das Trösten durch Worte nicht gegen eine reale Wende der Not auszuspielen. Denn neben dem geistlichen Trost, der im Leiden Geduld und Hoffnung schenkt, bringt Paulus den Trost Gottes auch mit seiner Errettung aus einer konkreten Todesgefahr in der Provinz Asien in Verbindung (2 Kor 1,8–10). Trost und Rettung sind ineinander verwoben. Trost ist kein Vertrösten auf irgendwann, sondern konkrete Hilfe in der konkreten Not – innerlich und äußerlich.[11]

3. Verschiedene Arten des Tröstens und der spezifisch christliche Trost

Es gibt ganz unterschiedliche Arten von Trost.[12] Neben dem durch den Glauben an Gott begründeten Trost, wie ihn die biblische Tradition beschreibt, gibt es zum Beispiel den Trost durch Philosophie. Der Philosoph Seneca – er lebte zur Zeit Jesu – hat einige bedeutende Trostschriften verfasst. Sein Rezept war vor allem, der Trauer und dem Leid den rechten Platz zuzuweisen. Man soll sie weder verdrängen noch zu ernst nehmen, weil man das Schicksal nicht ändern kann. Anderen Menschen gehe es ähnlich, warum soll man denken, ausgerechnet man selbst bleibe von Schicksalsschlägen verschont? Ähnliche Gedanken formulierte auch der christliche Philosoph Boethius (480–524). In Gefangenschaft schrieb er eine Abhandlung mit dem Titel »Vom Trost der Philosophie«, die einer der bedeutendsten Texte der Spätantike geworden ist.[13]

Es gibt auch den Trost durch Psychologie. Hier ist vor allem der Psychiater und Philosoph Viktor E. Frankl mit seiner Logotherapie und Existenzanalyse zu nennen, während die Psychoanalyse im Gefolge Freuds dem Trösten eher skeptisch gegenübersteht. Nach Frankls Auffassung hält das Leben in guten und in schweren Erfahrungen ein Sinnpotenzial bereit, das es zu suchen und zu entdecken gilt. Dabei kann es zum einen tröstlich sein, wenn man in einer Krankheit Bedeutsames für das eigene Leben erkennt. Es kann aber auch tröstlich sein, sich dem Schicksal mutig entgegenzustellen, um eine missliche Lage zu verändern oder zumindest das Beste daraus zu machen. Die Logotherapie spricht in

---

[11] Vgl. O. Hofius, Der Gott allen Trostes, in: ders., Paulusstudien, Tübingen 1989, 219; U. Heckel, Schwachheit und Gnade. Trost im Leiden bei Paulus und in der Seelsorgepraxis heute, Stuttgart 1997.

[12] Vgl. G. Langenhorst, Trösten lernen? Profil, Geschichte und Praxis von Trost als diakonischer Lehr- und Lernprozess, Ostfildern 2000, bes. 101–248.

[13] Boethius, Trost der Philosophie, hrsg. u. übers. v. O. Gigon/E. Gegenschatz, Berlin [6]2011.

diesem Zusammenhang von der »Trotzmacht des Geistes«[14], und ein humorvolles Bonmot von Frankl lautet: »Ich lass mir doch von mir selbst nicht alles gefallen«.

Ebenso kann Musik oder auch ein gutes Essen trösten. Dazu hat Martin Luther manches geschrieben, der die Musik für die größte Gottesgabe nach der Theologie und gut essen und trinken für ein doppeltes Fasten hielt.[15]

Schließlich kann menschliche Nähe trösten – und zwar sehr wirkungsvoll. Wer schon einmal in einer schwierigen Situation bei jemandem ein offenes Ohr gefunden hat oder einfach nur schweigend umarmt worden ist, weiß, wie stark menschliche Zuwendung und Nähe trösten können.

Diese »weltlichen« Trostweisen sollten von Christen nicht abgewertet oder ausgeblendet werden. Sie können in unterschiedlichen Lebenssituationen wirksam helfen. Aus der Sicht der Bibel und der Reformatoren gibt es allerdings noch einen tiefergreifenden Trost – eben den spezifisch christlichen Trost. Er soll im Folgenden noch einmal in seinen Grundzügen dargestellt werden.

3.1 Das Phänomen der Anfechtung

Um genauer herauszuarbeiten, was christlicher Trost in seiner Tiefe bedeutet, muss zunächst ein Blick auf einen heute ziemlich altmodisch klingenden Begriff geworfen werden, nämlich auf den Begriff *Anfechtung*.[16] Die Klagelieder der Psalmen, die Theologie des Paulus und die Glaubenserfahrungen Martin Luthers weisen mit besonderer Intensität auf die Dimension der Anfechtung des Glaubens hin. Anfechtung ist die schmerzliche Erfahrung der Verborgenheit Gottes, also dass man sich buchstäblich von allen guten Geistern verlassen fühlt. Solch eine Gottesfinsternis kann von unterschiedlichen Anlässen ausgelöst werden und darf nicht als Mangel an Glauben gedeutet werden – auch wenn die Anfechtung subjektiv als Glaubenskrise erlebt wird. Anfechtung lässt sich daher auch nicht durch Appelle, mehr zu glauben oder mehr zu beten, überwinden. In dieser Not, in der geistlichen Sinnkrise und Verzweiflung eines Menschen, der Gott nicht mehr versteht und sich von ihm im Stich gelassen fühlt, greift der christliche Trost.

Anfechtung ist die schmerzliche Erfahrung der Verborgenheit Gottes, also dass man sich buchstäblich von allen guten Geistern verlassen fühlt.

---

[14] E. Lukas, Von der Trotzmacht des Geistes. Menschenbild und Methoden der Logotherapie, Freiburg 1993.

[15] Vgl. H. Eschmann, Ratschläge gegen die Anfechtung, in: Quatember, 74. Jg (2010/3), 169–172.

[16] Vgl. dazu z. B. H. Beintker, Art. Anfechtung. III. Reformation und Neuzeit, in: TRE (Theologische Realenzyklopädie), Bd. 2, 695–704.

3.2 Außer sich vor Trost – die Dimension des extra nos

Trost ist biblisch und reformatorisch ein Begriff der Erfahrung – genauer gesagt, der Gottes- und Glaubenserfahrung. Er ist damit ein Beziehungsbegriff, der über sich und die eigenen Kräfte hinausweist. Mit Luther könnte man sagen, dass wirklich wirksamer Trost darin besteht, dass der leidende Mensch lernt, in der Verzweiflung von sich und den eigenen Kräften wegzuschauen, um sich auf die Treue Gottes zu verlassen. Der glaubende Mensch entdeckt mitten im Leid, dass er in die gute Geschichte Gottes mit seinen Menschen eingebunden ist. Luther nannte das mit lateinischen Begriffen die Dimension des *extra me* oder *extra nos*, des Außer-sich-Seins des Menschen. Das Heil der Welt und das persönliche Glück ruhen in Gottes Händen. Er ist der »Anfänger und Vollender des Glaubens« und des Lebens (Hebräer 12,2). Das lässt getrost werden.

Diese Geborgenheit in Gott darf nun aber nicht als billige Vertröstung oder Lähmung der Kräfte des Menschen im Sinne der Kritik von Marx und Freud verstanden werden. Vielmehr bewahrt der Blick auf Christus davor, sich als Mensch zu viel zuzumuten. Um sein letztes Geschick muss der Mensch nicht ringen, weil er in Gott gehalten ist. Dadurch bekommt er die Hände frei für das Tun des Guten. Es geht um eine Art tröstliche Lastenverteilung. Gott nimmt dem Menschen die Sorge um das Menschenunmögliche, nämlich um das letzte Gelingen des Daseins ab, damit der Mensch seine Kräfte für den Mitmenschen und seine Umwelt einsetzt. Solcher Trost lähmt nicht, sondern setzt in Bewegung und bewahrt gleichzeitig vor unheilvollen Größenphantasien in einer an Leistung und Machbarkeit orientierten Gesellschaft.[17]

3.3 Tröstlicher Sprachgewinn

Wer trösten will, ist »angewiesen auf eine Sprache, die alle Register des Menschlichen zum Klingen bringt, also nicht zuletzt auf biblische Sprache«[18]. Die biblischen Bücher zeigen, wie viel Bedeutung der Sprachform der Klage in Situationen der Trostlosigkeit zukommt. Zunächst gilt, wie bereits angedeutet, dass das Klagen unter psychohygienischen Gesichtspunkten sinnvoll ist, da das Versprachlichen der Not dazu hilft, sie zu verarbeiten. Sowohl in der Form des Protests gegen das Leid als auch der Trauer um verlorene Möglichkeiten hilft die Klage dazu, dass quälende Gedanken und Gefühle frei werden und sich nicht mehr in ihrer Sprachlosigkeit auf destruktive Weise gegen das eigene Selbst

Die biblischen Bücher zeigen, wie viel Bedeutung der Sprachform der Klage in Situationen der Trostlosigkeit zukommt.

---

[17] Vgl. O. Bayer, Aus Glauben leben. Über Rechtfertigung und Heiligung, Stuttgart [2]1990.
[18] V. Weymann, Trost? Orientierungsversuch zur Seelsorge, Zürich 1989, 91 f.

richten müssen.[19] Was ich ausspreche, kann ich »anschauen«. Es bekommt durch die Grammatik der Sätze eine Struktur und ist nicht mehr nur ein Gefühl, das sich nicht fassen lässt.

In unserer Gesellschaft, in der wir einander für gewöhnlich nur unsere guten Seiten zeigen, versteht sich allerdings das rechte Klagen nicht von selbst. Dazu kommt, dass der das Leid begleitenden Angst die Tendenz innewohnt, die Betroffenen in Isolation zu führen und zum Verstummen zu bringen. In einer solchen Situation können die Klagetexte, wie sie in der Bibel begegnen, eine wichtige Sprachhilfe sein. Sie bieten Worte gegen Angst und Einsamkeit. Der Dichter Rainer Maria Rilke schrieb dazu die bekannten Zeilen: »Ich habe die Nacht einsam hingebracht... und habe schließlich... die Psalmen gelesen, eines der wenigen Bücher, in dem man sich restlos unterbringt, mag man noch so zerstreut und ungeordnet und angefochten sein.«.[20] Weil die biblische Klage nicht unbestimmt ist, sondern als Gebet in der Form der Anrede an Gott geschieht, wird im Nachbuchstabieren der Klagepsalmen die Isolation aufgebrochen und Gott als Gegenüber in den Blick genommen. Ein Dialog entsteht, der dem Kreisen um sich selbst und um das eigene Leid Einhalt gebietet und Hilfe verheißt.

Trost vermittelt aber nicht nur das Aussprechen der Not. In der Klage liegt die Hoffnung auf Überwindung des Übels verborgen. Darum gehört zur Klage aus biblischer Sicht der Zuspruch, der die Hilfe benennt und eindeutig macht, und den sich der von einer leidvollen Situation betroffene Mensch nicht selbst geben kann. Dieser Zuspruch kann direkt, im Sinne eines performativen Sprechaktes wie beispielsweise des Segnens oder der Zusage der Vergebung, eventuell auch verstärkt mit der Geste des Handauflegens oder des Salbens mit Öl geschehen. Die Verheißung Gottes kann aber auch einem von Leid betroffenen Menschen auf eher indirekte Weise, durch biblische Geschichten, Gleichnisse und Bilder vermittelt, einleuchten und ihm neue, tröstliche Perspektiven eröffnen. Wichtig bei allen Formen des Zuspruchs ist, dass solches Trösten unbedingt auf die konkrete Situation bezogen sein muss, um nicht belehrend, überfordernd oder gar zynisch auf die Hilfe Suchenden zu wirken und um nicht wichtige Phasen des Trauerns und der Leidverarbeitung in unzulässiger Weise abzukürzen.

---

[19] Vgl. E. Schuchardt, Warum gerade ich...? Leben lernen in Krisen. Schritte mit Betroffenen und Begleitenden, Göttingen ⁸1994, 33–35.
[20] Zitiert nach G. v. Rad, Theologie des Alten Testaments, Bd. 1–2, München ⁹1987, Bd. 1, 412 Anm. 33.

3.4 Leidensgemeinschaft und Trostgemeinschaft

Es ist eine allgemeine Erfahrung, dass Menschen, die in ihrem Leben an schmerzliche Grenzen gestoßen sind, die dabei eigene Trostlosigkeit durchlitten und dann zu einem angemessenen Umgang mit ihrem Leid gefunden haben, oft einen guten Zugang zu Mitmenschen in vergleichbaren Situationen bekommen und auch angemessenere Worte für sie finden als andere. Das ist vor allem darin begründet, dass der Trost durch eine Person, von der man weiß, dass sie ähnlich Schweres erlebt hat wie man selbst, als besonders glaubwürdig empfunden wird. Zudem weiß das tröstende Gegenüber, was ihm selbst in seiner Notlage geholfen hat und was nicht. Solche Trostkompetenz lässt sich nur sehr bedingt aus Büchern und in Seelsorgekursen erlernen. Sie wächst vor allem aus der Lebens- und Leiderfahrung.[21]

Es ist vor allem die Erfahrung des Trostes Gottes, die sowohl die Kompetenz des Tröstens als auch die Tragfähigkeit des Trostes begründet.

Allerdings – und das wird sowohl in der Bibel als auch bei Luther deutlich – ist es nicht nur die Erfahrung des menschlichen Leides, sondern vor allem die Erfahrung des Trostes Gottes, die sowohl die Kompetenz des Tröstens als auch die Tragfähigkeit des Trostes begründet. Denn der Trost, der wirklich trägt, hat nicht in den Tröstenden und in ihrer Lebenserfahrung seinen Grund und Bestand, sondern in der guten Geschichte Gottes mit den Menschen, in die sowohl die Trostbedürftigen als auch die Tröstenden mit ihrem Leben und Glauben hineingenommen sind. Es ist der Trost dessen, der verspricht, alle Tage bei uns zu sein bis an der Welt Ende (Mt 28,20b).

Holger Eschmann, Prof. Dr., geb. 1957, Theologiestudium in Tübingen, Heidelberg, München und Reutlingen, Ordination, Professor für Praktische Theologie mit den Schwerpunkten Seelsorge, Homiletik, Liturgik und Spiritualität an der Theologischen Hochschule der Evangelisch-methodistischen Kirche in Reutlingen, Rektor von 2001–2007, Ausbildung in Logotherapie und Existenzanalyse nach Viktor E. Frankl, Mitglied der Gemeinschaft Sankt Michael seit 1999.

---

[21] Vgl. J. Ziemer, Seelsorgelehre. Eine Einführung für Studium und Praxis, Göttingen ⁴2015, 219–222.

Trost in Wüstenzeiten – eine Adventspredigt

von Nico Szameitat

Advent: Das ist Ausschau halten nach dem einen, der kommen soll.
Und der alles, was in dieser Welt schiefläuft, wieder zurechtbiegt.
Der alles Krumme gerademacht. Der endlich alle Tränen abwischt.
»Wo bleibst du, Trost der ganzen Welt?« (EG 7,4)
Aber wie soll das gehen?
Wie kann einer, selbst wenn er Christus heißt, die ganze Welt trösten?
Ganze Regionen dieser Erde sind trostlos, ganze Generationen untröstlich.
Und ist Trost nicht etwas zutiefst Persönliches?
Von Angesicht zu Angesicht? Von Mund zu Ohr?

Wir haben uns auf dem Weihnachtsmarkt verabredet. Schon einige Zeit haben wir uns nicht mehr gesehen. Und auch wenn es Telefon und WhatsApp gibt – so persönlich sich treffen und miteinander reden ist doch etwas anderes. Ich bin früh da und habe noch Zeit. Lauter Menschen, die an den Buden stehen, Glühwein trinken, Backfisch oder Bartwurst essen, lachen. Da gibt es Sterne in allen Farben, da Schaffelle und bunte Tücher, und dort Räuchermännchen mit dazugehörigem Duft von »Advent« bis »Weihrauch«. Und über das Lachen und Quatschen hinweg hört man von irgendwo her Musik. Ich folge ihr und stehe irgendwann vor einem Mann, der auf der Panflöte »Alle Jahre wieder« spielt. Ich summe mit. Und ich bin nicht der einzige. Ich liebe Weihnachtsmärkte!

Ah, da ist er ja, pünktlich am verabredeten Treffpunkt. Zusammen schlendern wir weiter über den Markt und quatschen über dieses oder jenes. An einem Glühweinstand am Rand machen wir Halt. »Zwei Glühwein, bitte! Nee, ganz normal, ohne Schuss.« Neben der Bude ist ein dunkler Unterstand mit einer Art Theke zum Markt hin. Wir stellen uns hinein, lehnen uns auf die Theke, wärmen uns die Hände an den heißen Bechern, schauen auf den Trubel, pusten und schlürfen vorsichtig. Nach einem halben Becher beginnt er zu erzählen. »Weißt Du, meine Freundin und ich haben eine Beziehungskrise. Und eigentlich ist das Wort »Krise« noch untertrieben ...«

Ich liebe Weihnachtsmärkte!

Fünf Jahre sind sie nun schon zusammen. Nun hat er sich in eine andere verliebt. Das kam zwar schon mal vor, also sich so in andere vergucken, aber so richtig verlieben, jetzt scheint es wohl ernst zu sein. Er hat es seiner Freundin gleich gesagt. Und ja, sie findet auch, dass sich ihre Beziehung verändert hat, aber nein, so schlimm wäre diese Veränderung doch nicht, dass man nun gleich die ganze Beziehung … Und doch steht alles in Frage. Trennung – zumindest auf Zeit? Auszug – noch vor Weihnachten? Und je mehr er erzählt und je tiefer ich hinein tauche in sein Leben, umso mehr verschwindet vor meinen Augen der Weihnachtsmarkt, verschwinden Duft und Lichterketten, verschwinden die lachenden Menschen. Die Frage, die mir gerade noch auf der Zunge lag, was er Weihnachten vorhat, kann ich mir sparen. Wüstenzeit statt Weihnachtszeit.

Wüstenzeit statt Weihnachtszeit.

Wüstenzeit statt Weihnachtszeit. In den letzten Jahren bin ich im Advent immer wieder Menschen begegnet, die überhaupt nicht in Weihnachtsstimmung sind, weil ihr Leben gerade ganz andere Wege geht, und die sind nicht immer weihnachtsmarkt-schön. Mir ging es mal ähnlich. Und in dem Jahr habe ich zuhause eben nichts geschmückt. Die Weihnachts-CDs blieben wie die Plätzchenrezepte im Schrank und der Baum an Heiligabend war so schlichttraurig wie nie zuvor. Und während draußen auf dem Weihnachtsmarkt der Trubelzug mit Volldampf auf das Weihnachtsfest zurollt, stehen mitten unter uns diese Wüsten-menschen.

»Die Wüste vor Augen, unwegsam, / finstere, frostige Nacht. / Wird Glauben noch taugen, unwegsam, / hungriger Zweifel erwacht.« (freiTöne 58)

»Tröstet, tröstet mein Volk, spricht euer Gott. Redet mit Jerusalem freundlich und predigt ihr, dass ihre Knechtschaft ein Ende hat, dass ihre Schuld vergeben ist, denn sie hat die volle Strafe empfangen von der Hand des Herrn für alle ihre Sünden. Es ruft eine Stimme: In der Wüste bereitet dem Herrn den Weg, macht in der Steppe eine ebene Bahn unserm Gott!« (Jes 40,1–3)

Der Prophet Jesaja (die Gelehrten unter uns wissen, dass es der zweite Prophet namens Jesaja war), ruft eine Trostzeit aus. Die Israeliten saßen im Exil. An den Wassern zu Babel saßen sie und weinten, wenn sie an ihre Heimat, an Israel, an die heilige Stadt Jerusalem mit dem Berg Zion dachten, nun aber zerstört. (Ps 137) Und Jesaja ruft diesen Tränenmenschen zu; und er ruft aus der Ferne über die Wüsten und Himmel hinweg auch Jerusalem und den dort Verbliebenen zu: Die Zeit des Elends hat ein Ende. Die Wüste zwischen hier und dort soll eingeebnet werden. Und ihr, die ihr so viel durchgemacht haben, sollt erfahren, dass eine neue Zeit anbricht. Eine leuchtende Zeit. Ja, Jerusalem, du geplagte und zerstörte Stadt, sieh auf und erhebe dein Haupt, weil sich deine Erlösung naht, dein »Tröster früh und spat.« (EG 1,3)

Jesaja tröstet mit großen Bildern. Tröstet die Nahen und die Fernen. Ob er bei den Leuten damals angekommen ist? Und kommt dieser Trost auch bei uns an, über die Jahrtausende hinweg? Viele der großen Worte aus der Heiligen Schrift und der Tradition – Trost, Gnade, Barmherzigkeit – sind zwar schön zu hören, aber sie haben im Laufe der Zeit ihren Glanz und ihren Geschmack verloren. Aus Trost wurde oftmals billiges Vertrösten. Zusammen mit Floskeln und endlos gedroschenen Phrasen wurden diese Worte in unseren Kirchen wieder und wieder gebraucht, bis sie verbraucht waren. Viele dieser Worte sind für heutige Ohren zu Worthülsen geworden, zu pappigen Worthülsen. Ich brauche in der Wüste aber keine Pappsterne, sondern echte Sterne.

Alle Jahre wieder gibt es die Diskussion, ob man die Weihnachtsmärkte nicht Wintermärkte nennen sollte. Ja, warum eigentlich nicht? Ist der Weihnachtsmarkt nicht eine heidnische Veranstaltung geworden, wo es nur um Essen und Trinken geht? Und auf einmal stehe ich wieder vor dem Panflötenspieler. »Alle Jahre wieder kommt das Christuskind auf die Erde wieder, wo wir Menschen sind.« Und da summen doch ganz viele mit. Und da ist ein Räuchernikolaus mit der Bischofsmütze. Und da ein Stern. Das alles sind doch Schätze und Symbole, die aus der Kirche kommen. Der Theologe Fulbert Steffensky sagte einmal, dass die Kirche zu Weihnachten zu einer regelrechten »Kostüm- und Sprachverleihanstalt« wird. Und ganz genau das ist es: Es geht nicht um alte Worthülsen. Aber wir leihen tröstende Kleider, Masken, Sprachen, Lieder, Gesten aus an die, die keine eigenen haben und die doch gelegentlich spüren, dass sie Trost brauchen. Und dann schauen doch alle in die Krippe, fremde Wörter wie »Sanftmütigkeit« beginnen zu glänzen und alle summen mit.

Und da summen doch ganz viele mit.

Da liegt es, das Kindlein, auf Heu und auf Stroh. Es lauscht und schaut. Und es nimmt die ganze Welt in sich auf: Den himmlischen Gesang, die kalte Nacht, die knienden Menschen. »Nimm hin, es ist mein Geist und Sinn, Herz, Seel und Mut, nimm alles hin.« (EG 37,1) Alle Freude, allen Zweifel nimmt es an. Und das Kind wird groß werden, ein Großer, der sich klein hält, der zu den Wüstenmenschen geht, der lauscht und schaut, der mit ihnen isst und lacht, »mein Tröster früh und spat« (EG 1,4), steht auch dir zur Seite, still und unerkannt. Und heute schickt er uns.

*Kurz vor Weih-
nachten beginnt
der Hohe Advent.*

Am Tag danach schickt der Freund mir eine Nachricht über WhatsApp: »Huhu, vielen Dank für unser Treffen gestern, das Gespräch und dein Dasein. Smiley.«

Kurz vor Weihnachten beginnt der Hohe Advent. Hoher Advent, denn es ist höchste Zeit. Dabei werden die Texte von Tag zu Tag nicht immer fröhlicher und immer weihnachtlicher, sondern immer ernsthafter. Immer drängender, sehnsuchtsvoller. Dann ist es höchste Zeit, zu den Wüstenmenschen zu gehen. Die Weihnachtsmenschen finden schon fröhlich triumphierend selber den Weg. Es ist höchste Zeit, zu den Wüstenmenschen zu gehen, und zwar nicht, um sie in Weihnachtsfröhlichkeit zu zwingen, sondern um einfach nur da zu sein.

In der Wüstennacht stehen wir da,
auf den Tresen gelehnt,
mit dem wärmenden Glühwein in der Hand,
Seit an Seit,
schauen in die finstere, frostige Nacht.
Und die Sterne leuchten in unerhörter Klarheit.
Keine Pappe. Licht!
In dieser Nacht hört die Wüste
nicht auf zu existieren.
Aber sie ist nicht länger trostlos.
Und der Zweifel wird nicht mehr so hungrig sein.
Denn alles kommt zusammen,
das Reden, das Zuhören,
das Dasein, die Sterne,
der Trost der ganzen Welt.
Und es macht wie Manna
das Herz ein wenig satt.
Ein bisschen. Für den Moment.
Ich summe.
Und ich summe für dich mit.
So ist Trost.

Amen.

Lied nach der Predigt: freiTöne 58

Die Wüste vor Augen, unwegsam.
Finstere frostige Nacht.
Wird Glauben noch taugen. Unwegsam.
Hungriger Zweifel erwacht. Kyrie ...

Ein Schritt in den Morgen. Wunderbar.
Manna wie funkelndes Licht.
Gott wird für dich sorgen. Wunderbar.
Sammle, doch horte es nicht. Kyrie ...

An andere denken. Liebevoll.
Fülle von himmlischem Brot.
Auch täglich beschenken. Liebevoll.
Teile, beende die Not. Kyrie ...

Nico Szameitat, geb. 1975, ist Gemeindepfarrer an der Ev.-luth. Kirchengemeinde St. Ansgar in Oldenburg. Nach dem Studium in Bonn, Utrecht und Hamburg absolvierte er u. a. ein Sondervikariat am Liturgiewissenschaftlichen Institut der VELKD in Leipzig. Vor der jetzigen Stelle war Szameitat vier Jahre Jahre als Referent für theologische und gottesdienstliche Grundsatzfragen im Bischofsbüro der ELKiO tätig. Szameitat ist ausgebildeter Predigtcoach© des Zentrums für Gottesdienst- und Predigtkultur der VELKD und veröffentlicht regelmäßig Predigten. Außerdem komponiert er im Rahmen der Kirchentage neue Lieder.

Trösterin Frau Musica

von Konrad Klek

... denn sie sollen getröstet werden – mit Musik von Johannes **Brahms**

Gerade 30 Jahre alt war Johannes Brahms (1833–1897), als er den großen Wurf als Komponist wagte, nicht in der Königsklasse der Sinfonie, sondern auf dem damals noch bedeutenderen Feld der Chorsinfonik. »Ein deutsches Requiem« benannte er das Werk dann eigentümlich.[1] »Requiem« war wie »Messe« ein gängiger Topos mit festgelegter Textgrundlage, entgegen der liturgischen Wurzeln im 19. Jahrhundert arriviert als Sujet von Konzertmusik. Bedeutende Persönlichkeiten bekamen bei ihrem Ableben als Gedenkkonzert ein Requiem musiziert, als »Klassiker« oft das Werk von Mozart. Brahms wagte also viel mit diesem Sujet hinsichtlich seiner gesellschaftlichen Reputation. Und er agierte geradezu tollkühn, indem er den kanonischen lateinischen Text komplett negierte, um eine selbstgewählte Zusammenstellung von Worten der deutschen Lutherbibel zu vertonen, sodass »ein(e Art) deutsches Requiem« daraus wurde.

Das Wagnis gelang. Die Uraufführung am Karfreitag 1868 im Bremer Dom bedeutete für den nun 35-Jährigen den Durchbruch in eine Spitzenposition als deutscher Komponist. Und die bürgerlichen Oratorienchöre hatten jetzt ein authentisches, in sich stimmiges Werk für ihre Aufführungen bei Gedenkkonzerten wie bei den üblichen Herbstkonzerten mit »ernster« Thematik. Das ist bis heute bei vielen Chören im November dran und das »Brahms-Requiem« gehört nun seit 150 Jahren zu den »most wanted«. Ob bei einer Darbietung im Konzertsaal oder als Oratorienkonzert in einer Kirche, diese Bibelwortvertonung übt auch in säkularem Kontext ihr einzigartiges Trost-Amt aus. Es ist Brahms zu verdanken, dass auf manchem Grabstein Offb 14,13, die im letzten Satz vertonten Worte, stehen. Und sprachbildend wurde seine Textvorlage sogar für Bestattungsagenden, denn die Seligpreisung Mt 5,4, womit das Werk beginnt, fand sich darin seinerzeit nicht.

»Selig sind, die da Leid tragen, denn sie sollen getröstet werden.« Allein gesprochen ist dies bereits ein Meisterstück der Sprachgestaltung Luthers. Beide Satzhälften enthalten für sich

»Selig sind, die da Leid tragen, denn sie sollen getröstet werden.«

---
[1] Zu Werkgestalt, Entstehungsumständen und Hintergründen siehe Sven Hiemke, Johannes Brahms. Ein deutsches Requiem (Bärenreiter Werkeinführungen), Kassel 2018.

eine s-s-Alliteration (*selig sind / sie sollen*), miteinander verzahnt sind sie durch die tr-Alliteration auf der Hauptsilbe des Verbs (*tragen / ge-tr*östet), dem als Sinnträger wichtigsten Wort im Satz. – »Selig die Trauernden, denn sie werden ge<u>tr</u>östet werden« – auch die Einheitsübersetzung bringt tr-Alliteration ein. Aber bei Luther kommt hinzu, dass die beiden Satzhälften mit verbal geformten Zeiten deutlicher gegeneinander profiliert sind im Sinne von jetzt / dann bzw. Realität des Lebens versus Perspektive des Glaubens. Dadurch erhält die zweite Satzhälfte eine stärkere Sogwirkung – »denn sie sollen ge<u>tr</u>östet werden«.

Komponist Brahms, der ja auch bei Klavierliedern Sprache feinsinnig nachgestaltet, ist sensibel genug, um Luthers Sprachdynamik zu erfassen. *Getröstet werden* lässt er nicht nur bei beiden Textdurchgängen im Chor bekräftigend wiederholen, bei der erstmaligen Artikulation kommen die zuvor rhythmisch unabhängig voneinander geführten Chorstimmen bei *getröstet* in gemeinsamer Viertel-Deklamation zusammen, zwei Takte in Folge trägt die schwere Takt-Eins die Hauptsilbe *ge-trö-stet*. So ist mit dem ersten Choreinsatz explizit das ganze Werk als Trost-Musik angesagt. »Ansage« ist das im Wortsinn, denn der Chor singt da a cappella, ohne instrumentale Gewandung. Das Orchestervorspiel nur mit tiefliegenden Streichern (ohne Violinen) hat Trauer-Atmosphäre evoziert, allerdings in F-Dur, nicht in Moll, was bereits *Selig sind* andeutet. Die Dimension des Trostes allerdings kann überzeugend nur zugesprochen werden. Die Seligpreisung ist Zuspruch und eröffnet als solche Zukunft. Die Instrumentalmusik des Vorspiels hat sich nach wenigen Takten förmlich verknotet und in die Tiefe gebohrt. Erst das *Selig sind* ... des Chores bringt die Musik zum (Weiter-)Laufen. Alle Musik ist auf Zukunft hin gestaltete Zeit und darin implizit tröstlich. Brahms macht durch dieses Arrangement von Chor und Instrumenten aber deutlich, dass die Trostpotenz seiner Musik aus dem dafür in Anspruch genommenen biblischen Zuspruch resultiert. Sonst müsste er nämlich bei diesem Sujet »tragisch« agieren, mit Trauermarsch-Pauken zu Beginn wie im kurz nach dem Requiem geschaffenen *Schicksalslied* op. 54 zu Hölderlins Epos, wo die Menschen dann in drastischer musikalischer Illustration »ins Ungewisse hinab« stürzen.

Im Vorfeld der Bremer Requiem-Uraufführung, die ausgerechnet auf Karfreitag terminiert war, monierte Chorleiter Karl Reinthaler, ein studierter Theologe, an der Textvorlage: »Es fehlt aber für das christliche Bewußtsein der Punkt, um den sich alles dreht, nämlich der Erlösungstod des Herrn.« Brahms ließ sich nicht beeinflussen, erwiderte, dass er »auch mit allem Wissen

Alle Musik ist auf Zukunft hin gestaltete Zeit und darin implizit tröstlich.

und Willen Stellen wie z. B. Evang. Joh. Kap. 3 Vers 16 entbehr-
te.«[2] Bei der Uraufführung wurde explizite Christologie dann
sozusagen extern beigebracht durch Sätze aus Händels *Messias*
(»Siehe, das ist Gottes Lamm«; »Halleluja«; »Ich weiß, dass mein
Erlöser lebt«).

Danach erst ergänzte Brahms im Requiem den 5. Satz mit dem
Sopransolo – zuvor gab es nur den Baritonsolisten. Die Solistin
singt Joh 16,22 *Ihr habt nun Traurigkeit*, kombiniert mit Sirach
51,35(27). Letzteres mündet in das Zeugnis *und habe großen
Trost funden*. Die tr-Alliteration kommt also auch hier zur Geltung, pointiert als Rahmung. Anders als in Satz 1 steht der prä-
sentischen *nun*-Aussage ein perfektisches *habe funden* gegenüber. Da der Chor als Deutung im »Background«-Verfahren den
dritten Text Jes 66,13 *Ich will euch trösten wie einen seine Mutter
tröstet* beisteuert, ist vermutet worden, die Sopranstimme sei
von Brahms als Referenz an seine drei Jahre zuvor verstorbene
Mutter gemeint, die solchermaßen gleichsam aus dem Jenseits
spricht und von ihrer eigenen Trosterfahrung Zeugnis gibt. Die
Parallelisierung von drei *Ich*-Reden mit in der Bibel unterschiedlichen Subjekten (darunter mit Joh 16 auch Christus selbst) ver-
schleiert wohl gezielt die Subjektivität dieses Ichs im Requiem.
Es bleibt den Rezipienten überlassen, wen/was sie mit dieser
Sopranstimme identifizieren. Jedenfalls ist es eine hohe, reine,
gleichsam verklärte Stimme, vom Orchester klanglich dezent begleitet, con sordino (mit Dämpfer) in den Streichern. Bei Orgeln
wäre das das Register Vox coelestis. Schlüsselwort in der Text-
kompilation ist *Trost*, was in allen anderen Sätzen sonst nicht
nochmals vorkommt. So wird noch deutlicher als in Satz 1, dass
gerade und nur ein extra nos trösten kann. Die Sopransolistin
tritt hier völlig unvermittelt auf, wie eine Stimme aus einer anderen Welt.

Trost ohn alle Maßen – wie Paul Gerhardt einem Komponisten Trost erschließt

Der Komponist Heinrich von Herzogenberg (1843–1900),[3] ein
Verehrer und guter Freund von J. Brahms, vertonte zweimal in
Schlüsselwerken eine Liedstrophe von Paul Gerhardt (1607–1676),
die mit der *Augenblick*-Metapher von Jes 54,7 f. ebenfalls an Joh 16
anschließt:

---

[2] Wilhelm Altmann (Hrsg.), Johannes Brahms im Briefwechsel mit Karl Reinthaler, in:
Brahms-Briefwechsel, Bd. 3, Berlin 1908, die Zitate S. 7 u. 10.
[3] Zu Leben und Werk siehe die Informationen und Literaturverweise bei www.herzogen-
berg.ch.

Ich hab' dich einen Augenblick,
o liebes Kind, verlassen,
sieh, aber sieh! Mit großem Glück
und Trost ohn' alle Maßen
will ich dir schon/ die Freudenkron
aufsetzen und verehren,
dein kurzes Leid/ soll sich in Freud
und ewig Wohl verkehren.
(*Barmherzger* Vater, *höchster Gott*, Str. 9)

Der religiös als österreichischer Katholik sozialisierte Herzogenberg (geb. in Graz) lernte diese Strophe kennen als Schlusschoral
der Kantate BWV 103 *Ihr werdet weinen und heulen* (zu Joh 16),
die er als Leiter des Leipziger Bach-Vereins im November 1879 in
einem Konzert aufführte. Zu Beginn des Folgejahres schrieb er
eine groß angelegte a-cappella-Motette, bei der er diese Strophe
mit einer zweiten von Paul Gerhardt zur selben Melodie (*Was mein
Gott will, das g'scheh allzeit*) verband, Schlusschoral der Kantate
BWV 92 zum ganzen Gerhardt-Lied *Ich hab in Gottes Herz und Sinn.*[4]

Soll ich denn auch des Todes Weg
und finstre Straßen reisen
wohlan, so tret' ich Bahn und Steg,
den mir dein' Augen weisen.
Du bist mein Hirt,/ der alles wird
zu solchem Ende kehren,
dass ich einmal/ in deinem Saal
dich ewig möge ehren.

Beiden Strophen gemeinsam ist der finale Reim *(ver)kehren/(ver)
ehren*, aber jeweils umgekehrt. Herzogenberg setzt ans Ende
seiner Motette die Strophe, bei der *verkehren* die Pointe bildet.
Während das Lied in h-Moll steht, bringt der dezidierte H-Dur-
Schlussklang (wie bei Bach) die Verkehrung des Leides in ewiges
Heil zum Ausdruck. Später wird der Komponist in zahlreichen
Werken diese h-Moll-/H-Dur-Polarität in analoger inhaltlicher
Signifikanz einsetzen und so zugleich seinen Namen mit den
Initialen H-H einzeichnen. Sein Weihnachtsoratorium *Die Geburt Christi* op. 90 (1894) etwa beginnt – für dieses Sujet völlig
untypisch – in h-Moll mit »Die Erwartung« und endet mit einem
grandiosen Doppelchor in H-Dur zu Joh 3,16 ... *auf dass alle, die
an ihn glauben, nicht verloren werden, sondern das ewige Leben ha-*

---

[4] S. die Neuedition der Motette und die Erläuterungen dazu im Vorwort in Konrad Klek
(Hrsg.), Heinrich von Herzogenberg. Geistliche Chormusik, Stuttgart (Carus-Verlag
4.106), 2011.

Foto: Tom Kattwinkel

ben. Herzogenberg sieht sein Leben unter dem Namen H-H in dieser Moll-/Dur-Polarität also exemplarisch für die Spannung des Glaubens zwischen Leiderfahrung und Heilshoffnung. Vom verheißenen *Trost ohn alle Maßen* gibt seine Musik Zeugnis, indem sie sich in Moll dem *Leid* stellt, aber im musikalisch plausiblen Durchbruch zum Dur die Perspektive des *ewig Wohl* als sinnliche Erfahrung aufrichtet.

Dass Paul Gerhardts (via Bach-Kantate vermittelte) Liedstrophen für das Ehepaar der von Herzogenberg persönlich eine zentrale Trost-Rolle spielten, belegt folgendes: Herzogenberg war schwer erkrankt mit einer schmerzhaften arthritischen Entzündung, welche ihn zur Bewegungslosigkeit verdammte und die Preisgabe seiner Ämter an der Berliner Musikhochschule (seit 1885) erzwang. Seine Gattin Elisabeth von Herzogenberg (1847–1892) rapportiert seinen Zustand in einem Brief an den Berliner Freund Philipp Spitta (1841–1894). Nachdem sie zunächst den lebensbedrohlichen Gesundheitszustand einer (älteren) Leipziger Bekannten erwähnt und darüber zur Anklage an Gott ausgeholt hat – »... der liebe Gott sieht auch ruhig zu, wie seine armen Menschlein sich fretten, kämpfen und zu Grund gehen«, schwenkt sie um, indem sie den Beginn der Choralstrophe aus BWV 103 zitiert und ergänzt: »Wie oft mir das liebe Lied einfällt, wenn ich das arme Dulderantlitz meines Mannes betrachte, und wie ich mir wünsche, daß es auch bald auf ihn passe.«[5] Der Choral relativiert akuten Schmerz als *kurzes Leid* und richtet die Hoffnung auf *Verkehrung* in *Freud* auf. Beim Patienten brachte eine Knieoperation dann tatsächlich die Wende zur Schmerzlosigkeit und er komponierte wieder wie entfesselt.

Das Glück war aber nur von kurzer Dauer, denn alsbald machte sich die langjährige Herzkrankheit der Gattin verschärft bemerkbar. Nach zwei Jahren Tätigkeit zurück in Berlin musste Herzogenberg im Herbst 1891 seine Ämter erneut niederlegen, um seine schwer kranke Frau zum »Überwintern« in San Remo zu begleiten, wo sie im Januar 1892 mit 44 Jahren starb. Das »liebe Lied« P. Gerhardts büßte dadurch seine Trostkraft aber nicht ein, im Gegenteil. Das Ende des Trauerjahres kultivierte der Witwer, indem er über Weihnachten 1892, alleine in Berlin, eine groß besetzte »Kantate zum Todtenfest« (publiziert als *Todtenfeier* op.80) über Bibelworte und Liedstrophen schrieb, um die Partitur genau am Todestag, dem 7. Januar abzuschließen.[6] Just am 24.12. war da »das liebe Lied« wieder dran. An diesem Tag entwarf Herzogenberg eine faszinierende Vertonung in D-Dur, bei der die Chorstimmen die Textworte in Motettenform plastisch vortragen, im Orchestersatz dazu aber »background«-artig dezent die Choralmelodie in h-Moll(!) eingespielt wird. Am Ende steht zu *in ewig Wohl verkehren* wie bei Bach und in der Motette zuvor der H-Dur-Klang – in sphärischer Pianissimo-Klanggebung. In Herzogenbergs Sicht hatte der Tod der Gattin die alten Worte und Töne also nicht in Frage gestellt, vielmehr hatte sich das »liebe Lied« in dieser Erfahrung erst recht bewährt. Dessen erneute Vertonung war für den Komponisten produktive Trauer-Arbeit, die ihm »getröstetes« Weiterleben eröffnete. Anders als sein Idol Brahms hatte Herzogenberg in diesem Werk übrigens keine Scheu, ein Christuswort zu platzieren, sogar als entscheidenden Wendepunkt von der Klage zur Zuversicht: *Ich bin die Auferstehung und das Leben* verkündigt die (ebenfalls unvermittelt auftretende) Sopranistin im H-Dur-Fortissimo, und der Chor bestätigt in einer Fuge *Wer an mich glaubt, der wird leben, ob er gleich stürbe* (Joh 11,25). Herzogenbergs *Totenfeier* ist als großartiges persönliches Trost-Zeugnis eine überzeugende Trost-Botschaft, die (im Zuge der Novemberkonzerte) nicht zu verbreiten die evangelische Kirchenmusik sich eigentlich nicht leisten kann.[7]

Der Choral relativiert akuten Schmerz als kurzes Leid und richtet die Hoffnung auf Verkehrung in Freud auf.

---

[5] Brief vom 7.10.1888, Staatsbibliothek zu Berlin, unveröffentlicht.
[6] S. dazu Konrad Klek, Komponieren als Trauerarbeit, www.herzogenberg.ch/trauerarbeit.htm.
[7] Das Notenmaterial ist leihweise bei Edition Peters erhältlich. Es gibt eine CD-Einspielung (Ltg. Matthias Beckert) beim Label cpo 777 755–2, 2014.

Übung der Gottseligkeit in Christlichen und trostreichen Gesängen

Was für den »neuzeitlichen«, eigentlich säkular orientierten Komponisten Herzogenberg eine Entdeckung aus längst verblassten, ihm fremden Welten war, galt im Barockzeitalter geradezu als Leitkultur: Geistliche Lieder sind Inbegriff täglicher »praxis pietatis melica« und ihr Qualitätssiegel ist ihr Trost-Reichtum. Ab 1641 publizierte der seit 1622 in Berlin wirkende Kantor Johann Crüger (1598–1662)[8] das Gesangbuch mit dem Titel *PRAXIS PIETATIS MELICA*.[9] Als Übersetzung formuliert das Titelblatt:

> *Das ist: Übung der Gottseligkeit in Christlichen und trostreichen Gesängen ...*

Erfolgsrezept dieses Gesangbuches war, dass es den traditionellen Bestand an Kirchenliedern aus dem Reformationsjahrhundert verband mit eben den neuen »trostreichen Gesängen«, wie sie im Zuge des Aufblühens der Dichtkunst auf der sprachlichen Basis der Poesie-Reform von Martin Opitz (1624) nun zu Hauf entstanden. Zehn Neuauflagen zu Lebzeiten von Crüger erweiterten jeweils den Bestand an neuen Liedern. Das gerade war der Reiz, das Buch erneut zu kaufen. Seit 1647 kam so auch die Dichtung von Paul Gerhardt sukzessive zum Zug.

Die neuen Lieder sind so attraktiv, weil sie »trostreich« sind. Nicht nur Lieder, auch Predigten und Schriftauslegungen der Zeit folgen der Leitkategorie »Trost«, etwa die zahlreichen Schriften des Rostocker Theologen Heinrich Müller (1631–1675). Trostbedürftig sind die Menschen damals aber nicht nur wegen der Widrigkeiten des 30-jährigen Kriegs, wegen der Omnipräsenz von Krankheit, Hunger und Tod, sondern vor allem und essentiell als Sünder, die täglich der Vergewisserung der göttlichen Gnade bedürfen. Müllers Publikation mit dem Titel *Thränen- und Trostquelle* (1675) etwa ist eine »Erklärung der Geschichte von der großen Sünderin« (Lk 7, 36 ff.).[10] Am Ende jeder Auslegung steht bei ihm ein »Lied«. Es dient nicht nur als in Reimen griffige Zusammenfassung, sondern wirkt als Gesang affektiv, berührt unmittelbarer das Herz. Trost erfahren Menschen nicht im Verstand, sondern im Herzen.

---

[8] S. Christian Bunners, Johann Crüger (1598–1662 – Berliner Musiker und Kantor, lutherischer Lied- und Gesangbuchschöpfer, Berlin 2012.

[9] S. jetzt die mehrbändige Dokumentation und kritische Edition der Editio X. (1661) durch Hans-Otto Korth und Wolfgang Miersemann, Halle 2014 ff. Im Internet sind diverse Editionen seit 1653 als Scan einsehbar.

[10] Ein Scan der Rostocker Neuauflage aus dem Jahr 1854 ist im Internet greifbar.

Die trostreichen Gesänge sind attraktiv und wirksam gerade auch durch neue, affektträchtige Melodien. Musterbeispiel ist Crügers bekannte Melodie zu *Jesu, meine Freude* (1653). Seit etwa 1640 punkten Gesangbücher und Liededitionen damit, dass sie die Melodien zusammen mit einer Bass-Stimme und Generalbass-Ziffern als Harmoniebezeichnungen abdrucken. Das entspricht dem, was heute Gitarrengriffe leisten. So werden die Lieder allerorten als affektreiche »Musik« in Moll und Dur rezipierbar, beim Singen begleitet mit Laute, Cembalo oder Spinett. Crügers Gesangbuch nennt im Titel als Bestimmungsort »sowohl Kirchen- als Privat-Gottesdienst«, und es wurde in letzterem, in der persönlichen praxis pietatis wohl auch vorwiegend rezipiert, als tägliche »Übung (lat. exercitio) der Gottseligkeit«. Heute würde man das Praxis christlicher Lebenskunst nennen.

Die Harmonien sind für den Lied-Ausdruck ganz wesentlich. Das Moll-Lied *Jesu, meine Freude* etwa beginnt bei Crüger mit einem Dur-Akkord (Melodieton als Terz) zum *Jesus*-Namen und mündet bei *meine Zier* dezidiert nach Dur.[11] Auch bei der Harmonisierung der für viele Lieder genutzten, ursprünglich phrygischen Melodie zu *O Haupt voll Blut und Wunden* bevorzugt Crüger Dur. Bei ihm beginnt und endet das Lied in C-Dur (Melodieton e als Terz)![12] Trost-reich wären die Gesänge nicht, wenn sie mit Mollakkorden auf das Leid fixieren würden. – Die Orgel-Choralbücher seit dem EKG haben mit ihrer (historisch vermeintlich korrekten) Bevorzugung von Kirchentonarten und Mollklängen den armen, trostbedürftigen Seelen in den Gemeinden einen Bärendienst erwiesen!

»Seid getrost und unverzagt« – diese Schlusspointe von Psalm 31 kann inhaltlich als Inbegriff der von Paul Gerhardt in seinen Liedern bezeugten christlichen Lebenskunst gelten. Das Wort »Trost« (mit insgesamt 77 Nennungen im Korpus von 139 Gesängen!) muss nicht explizit vorkommen, um seine Lieder ausnahmslos als »Trost-reiche Gesänge« zu qualifizieren. Genau dies macht sie unsterblich, resistent gegen alle Moden des Zeitgeschmacks. Die Melodien, von den Berliner St. Nikolai-Kantoren J. Crüger und Johann Georg Ebeling (1637–1676) ihnen zugewiesen, haben allerdings wesentlichen Anteil daran. Bei der Bitte *Erscheine mir zum Schilde, zum Trost in meinem Tod* (EG 85,10) etwa kommt *Trost* mit dem Spitzenton besonders kräftig zur Geltung. Und die Schlusszeile *Wer so stirbt, der stirbt wohl* ist gerade in Crügerschem C-Dur ein sinnliches Ereignis. Vollends mit den »ei-

»Seid getrost und unverzagt«

---

[11]   S. Band I/1, S.383f. der o. g. kritischen Edition (Lied-Nr.427).
[12]   Ebd. S.429 (Lied Nr. 487 *Hertzlich thut mich verlangen*).

genen Melodien« von Crüger und Ebeling sind manche Gesänge unschlagbar Trost-voll. Das Adventlied *Wie soll ich dich empfangen* (EG 11) wurde lange mit Lehnmelodien gesungen. Erst seit dem EKG (1950 ff.) steht Crügers eigene Dur-Melodie (1653) im Gesangbuch und ist von Paul Gerhardts Worten nicht mehr wegzudenken. Mit dem grandiosen Melodie-Höhepunkt zu Beginn des Abgesangs singen wir jetzt garantiert bis ans Ende der Tage (Strophe 6): »<u>Seid unverzagt</u>, ihr habt/ die Hilfe vor der Tür;/ der eure Herzen labet/ und <u>tröstet</u>, steht allhier.«

Prof. Dr. theol. Konrad Klek, geb. 1960, Sohn von Michaelsbruder Adolf Klek, ist als diplomierter Kirchenmusiker seit 1999 Professor für Kirchenmusik am Fachbereich Theologie und Universitätsmusikdirektor in Erlangen.

Trost hält gesund und bewahrt uns vor krankmachenden Prozessen

Erfahrungen eines Psychiaters

von Horst-Stephan Neues

Als Psychiater und Psychotherapeut halte ich die Trost- und Trauerarbeit für einen wesentlichen Prozess. Wo er nicht oder nicht ausreichend geleistet wird und wo ihm nicht ausreichend Zeit und Raum gelassen wird, entstehen Rückzug, Vereinsamung, Verzweiflung, Hoffnungslosigkeit und schwerwiegende psychische Erkrankungen.

Aus Kindheitserinnerungen weiß ich, dass meine Großmutter Frieda eine große Trösterin war. Wann immer wir Kinder ihres Trostes bedurften, konnten wir zu ihr laufen. Sie pustete unsere zerschundenen Knie heil, steckte unsere kalt gefrorenen Hände unter ihre Achselhöhlen, und bald war unser Schmerz vergangen und wir fühlten uns getröstet. Und wenn sie dann noch versprach, dass alles wieder gut werde, fühlten wir uns sicher und behütet.

Schon im Kindesalter werden die Wurzeln des Getröstetwerdens in den Garten unserer Kindheitserfahrungen gepflanzt. Wir sehen sie nicht, aber sie sind trotzdem da.

Schon im Kindesalter werden die Wurzeln des Getröstetwerdens in den Garten unserer Kindheitserfahrungen gepflanzt.

> ### Definition
>
> *Trost ist eine erlebte emotionale Qualität, die Linderung von verlust- oder traumabedingtem seelischem Schmerz und Leid bewirkt, eine Beruhigung von psychophysiologischem Aufgewühlt-Sein und Erschüttert-Sein bedeutet, und ein Ordnen und Re-Orientieren im gedanklichen und emotionalen Chaos unterstützt: »Trösten«, d. h., die Hilfe und empathische Zuwendung eines Tröstenden an einen Trostbedürftigen. (zusammengestellt nach: Hilarion G. Petzold, Trost/Trostarbeit und Trauer/Trauerarbeit – Konzepte, Modelle, Kontexte – Materialien aus der Integrativen Therapie 2007/2010)[1]*

---

[1] https://www.fpi-publikation.de/downloads/?doc=polyloge_petzold-2007r-trost_trostarbeit_modelle-polyloge-19–2010.pdf.

In der frühkindlichen Beziehungsarbeit werden Beziehungsangebote für unterschiedliche Bedürfnisse des Kindes gemacht. Dafür bieten sich auf unterschiedliche Weise fördernde Objekte an. Diese werden zu *inneren* Objekten, werden bewahrt, emotional besetzt und bieten im Vorgang der Bindung zu späteren Zeitpunkten Tröstung, Beruhigung und Sicherheit. Auch Spiegelneurone als Resonanzsystem unseres Gehirns spielen dabei eine wichtige Rolle. So entsteht im Laufe der »Selbst«-Entwicklung eine Internalisierung guter (und böser) Objektrepräsentanzen und ein erwachsenes »Selbst«.

Neurophysiologische Zusammenhänge
Heute wissen wir mehr über neurophysiologische Zusammenhänge im Rahmen von Trauerprozessen:

Trauer führt zu »amygdaloiden Hyperarousals«. Die Amygdala, der sogenannte Mandelkern, ist ein Teil des limbischen Systems im Gehirn und sorgt zum Beispiel dafür, dass uns das Herz bis zum Hals schlägt, wenn wir Angst haben.

Über einen Zwischenhirnbereich (Hypothalamus) wird auch das vegetative Nervensystem in Alarmbereitschaft versetzt: der Blutdruck steigt an, der Puls rast, Durchfall stellt sich ein, wir können nicht mehr schlafen und fortwährende Gedankenschleifen lassen uns nicht mehr los.

In meine Praxis kam vor einiger Zeit eine junge Studentin, deren Vater ein Jahr zuvor innerhalb weniger Monate an einem Tumor der Bauchspeicheldrüse verstorben war.

Sie beschrieb ihren Zustand mit den Worten: »Ich weiß nicht, was ich mit meiner Trauer machen soll. Der Druck in mir wächst täglich, er nimmt mir im wahrsten Sinne des Wortes die Luft zum Atmen. Ich kann mich nicht mehr konzentrieren, ich nehme ab und kann nicht mehr schlafen.« Im weiteren Gespräch stellte sich heraus, dass sie sich nach dem Tod des Vaters immer mehr zurückgezogen hatte, Kontakt zu Mutter und Angehörigen mied und sich mit lebensmüden Gedanken herumtrug. Bei der jungen Frau hatte sich über Monate eine schwere reaktive, durch pathologische Trauer ausgelöste, Depression entwickelt. Sofortige therapeutische Hilfe war für sie dringend notwendig.

Sicherlich kann nicht in jedem Fall durch Trost- und Trauerarbeit ein solch schwerwiegender Zustand vermieden werden. Eine maßgebliche Rolle dabei spielt auch die prämorbide individuelle Persönlichkeitsstruktur und wie unsere Objektrepräsentanzen angelegt sind.

Der Prototyp des guten inneren Objekts ist die fürsorgliche, fördernde Elternfigur, die als Introjekt zur inneren Stimme und zur inneren Überzeugung geworden ist. Nahe daran sind jene Objekte, die zum Beispiel in unseren religiösen Überzeugungen wirksam sind und die die Beruhigungsfunktion guter innerer Objekte besitzen: In einem Brief, den Dietrich Bonhoeffer in der Gestapohaft schrieb, heißt es: »Je stiller es um mich geworden ist, desto deutlicher habe ich die Verbindung mit euch gespürt. Es ist, als ob die Seele in der Einsamkeit Organe ausbildet, die wir im Alltag kaum kennen. So habe ich mich noch keinen Augenblick verlassen oder allein gefühlt. Du, die Eltern, ihr alle, die Freunde und Schüler im Feld. Ihr seid mir immer ganz gegenwärtig.« (zit. nach Gerd Rudolf, Strukturbezogene Psychotherapie, Stuttgart, 3.A 2012, S. 165)

So können gute innere Objekte, aber auch das Netzwerk der Lebensbegleiter Trost geben.

Es genügt, dass sie angerufen werden, dass sie präsent sind, um das Gefühl der Geborgenheit und des Trostes zu vermitteln und berechtigte existentielle Ängste einzudämmen.

Diese Erfahrung in Gestalt einer religiösen Gewissheit ist wahrscheinlich nicht mehr vielen Menschen möglich. Aber die grundsätzliche Qualität dieser Erfahrung sollte therapeutisch in einem echten ganzheitlichen Therapieansatz gefördert werden.

Die Vorstellung von »guten Mächten«, von denen Bonhoeffer in seinem viel zitierten Gedicht spricht, könnte auch in der Psychotherapie eine wichtige Überzeugung und Idee sein, Aspekte der Natur, der Literatur, Musik oder der Geschichte, d. h. Objekte im weitesten Sinne, mit denen sich der Hilfe Suchende verbunden fühlt und die für sein Identitätserleben von Bedeutung sind. Jeder und alles, woran der Trostsuchende sein Herz hängen kann, vermag ihm auch als inneres beruhigendes Objekt zu nützen.

Wahrscheinlich folgt Trösten und Trostarbeit sogar genetisch disponierten Handlungsmustern. Wir finden sie in allen Kulturen. Es gilt, diese evolutionären Weisheiten im Rahmen der Trost- und Trauerarbeit zu nutzen.

Soziale Netzwerke und Rituale

Wichtig sind aber auch externe Schutzfaktoren: Das sind soziale Netzwerke, in die sich der Einzelne eingebunden weiß. Der Mensch fährt nicht alleine auf der Lebensstrecke, sondern mit einem »Weggeleit«. So kann ein Therapeut Wegbegleiter auf Zeit werden. Zuwendung, Hilfestellung, Loyalität und verbindliches Engagement sind dabei Kennzeichen und Garanten eines gelingenden Weggeleits.

»Es ist, als ob die Seele in der Einsamkeit Organe ausbildet, die wir im Alltag kaum kennen.«

Wahrscheinlich folgt Trösten und Trostarbeit sogar genetisch disponierten Handlungsmustern.

In seinem Buch »Ich sehe deine Tränen« beschreibt der griechische Psychologe Jorgos Canacakis solche Weggeleite und Rituale in einer Region des südwestlichen Peloponnes, wo Menschen ein jahrhundertealtes Trauerritual aus Dichtung, Musik und Verhalten immer wieder und bis auf den heutigen Tag bewahrt haben und solidarisch in sicherer Begleitung erleben dürfen.

In den Großstädten unserer digitalisierten Gesellschaft kennen wir zwar (noch) Beerdigungsrituale, aber unter Trauerritualen können wir uns nur wenig vorstellen.

Warum ist Trost so wichtig?
Trost ist ein wesentlicher Teil der Trauerarbeit, die getan werden muss, damit wir gesund bleiben können. Trauerarbeit müssen wir nicht nur beim Tod eines nahen Angehörigen leisten. Auch bei Verlust der körperlichen Unversehrtheit, durch schwere Erkrankungen, körperliche oder psychische Traumata sowie Trennungen muss die Seele Trauerarbeit leisten. Und auch bei kollektiver Trauer, im Krieg oder nach dem Verlust von heimatlichen Wurzeln, kommt der Mensch nicht an kollektiver Trauerarbeit vorbei.

Für unsere Tröstungen brauchen wir geeignete Räume, Auszeiten und die »Erlaubnis« der anderen, um unsere Gefühle zuzulassen, ihnen freien Raum zu geben. Wir dürfen dabei getrost wissen, dass uns die Natur aber für traumatische Ereignisse sozusagen vorprogrammiert hat. Mit Resilienz bezeichnen wir heute psychologische und psychophysiologische Widerstandsfähigkeit, psychophysische Belastungen auszuhalten und zu meistern.

»Alles wird wieder gut«, das mag sich wie ein billiger Trost anhören. Aber die Hoffnung auf bessere Zeiten ist wichtiger Teil des Tröstens und Gesundbleibens.

Manchmal geht in schweren Zeiten gerade die Hoffnung verloren, manchmal ist dies bereits Kennzeichen einer depressiven Entwicklung. Selbst unser christlicher Glaube kann uns dabei abhandenkommen. Dann ist es umso wichtiger, dass stellvertretend die Hoffnung von Weggefährten ein Stück weitergetragen wird, bis rettende Ufer erreicht sind.

Dr. med. Horst Stephan Neues, Arzt für Psychiatrie und Psychotherapie, viele Jahre in einem konfessionellen Krankenhaus für Psychiatrie und Psychotherapie in Neuss tätig. Seit 20 Jahren Michaelsbruder im Rheinisch-Westfälischen Konvent, Probemeister der Bruderschaft.

Was tröstet? Erfahrungen eines Militärseelsorgers

von Karsten Wächter

Trösten ist eine zentrale Aufgabe für mich als Pastor. Das geschieht in vielfältigen Formen und Anlässen: In seelsorglichen Einzelgesprächen, bei Besuchen, aber auch im Rahmen der Verkündigung oder bei Ritualen wie zum Beispiel dem Segen. Und natürlich braucht auch der Pastor manchmal Trost. Was genau tröstet, hängt meiner Erfahrung nach von der Person ab und ist individuell verschieden.

Dass Trost geschieht, ist nicht planbar oder machbar, und auch nicht professionalisierbar. Um zu trösten, ist nicht unbedingt eine Ausbildung notwendig. Trösten ist auch nicht an eine (amtliche) Erlaubnis gebunden. Es ist ein Geschehnis, das unverfügbar ist. Theologisch gesprochen: Es ist ein Wirken des Heiligen Geistes.

Dass Trost geschieht, ist nicht planbar oder machbar, und auch nicht professionalisierbar.

Ein weiteres wichtiges Kriterium ist, dass das Trösten nicht in die Abhängigkeit oder Unmündigkeit führen darf, sondern neue Kraft, Entschlossenheit und Klarheit weckt und die damit die Selbstmächtigkeit fördert – also das Bewusstsein, dass man die gegenwärtige Krise wird bewältigen können.

Ich möchte gerne exemplarisch einige Situationen schildern, in denen sich Trost ereignet.

1. »Du bereitest mir einen Tisch« (Psalm 23, 5)

Es klingt vielleicht banal, aber für mich ist Suppe tröstlich. Ich meine damit keine Tüten-, Dosen oder sonstwie von der Lebensmittelindustrie produzierte Suppe. Im speziellen ist es für mich eine Erbsen- oder Kartoffelsuppe. Oder die gute Hühnerbrühe. Ich vermute, dass es mit meiner Kindheit zu tun hat. Ich sehe meine Oma vor mir, die mir abends, wenn ich vom Spielen oder nach dem Schlittenfahren heimkam, fragte, ob ich einen Teller Suppe möchte. Später hat sie mich das hin und wieder gefragt, wenn ich erschöpft von der Früh- oder Spätschicht aus der Fabrik kam. Meistens habe ich etwas gezögert, denn eigentlich stand mir der Sinn nach etwas anderem. Ich brauchte meist noch eine zweite Aufforderung. Und dann saß ich da vor einem dampfenden, duftenden Teller Suppe. All die Erfahrung, die Güte und Liebe meiner Oma war in diesem Teller Suppe versammelt. Und wenn ich dann ganz langsam, anfänglich noch schlürfend, zu essen begann und die Wärme in meinem Bauch spürte, wurde mir wohl und es kehrte

Frieden ein in meiner Seele. Heute würden wir sagen: Ich konnte runterkommen.

Es ist nicht so, dass ich Trost gebraucht hätte. Ich war weder traurig, noch bekümmert, noch ratlos. Einfach nur ein bisschen erschöpft und überflutet von vielen Reizen. Die Suppe hat mir einfach ein Gefühl von Geborgenheit und Zuhausesein vermittelt. Durch die Gegenwart eines gütigen, alten Menschen, der etwas für mich getan hat, ohne dass ich ihn darum gebeten habe.

Immer wenn heute meine Frau Suppe gekocht hat, kommt wieder dieses Gefühl in mir auf. Ich weiß noch, beim ersten Mal, wie erstaunt sie war, als ich mit einem Seufzen sagte: »Ah, die Suppe ist tröstlich.« – Das habe sie ja noch nie gehört, sagte sie. Für sie war es bisher einfach nur ein Teller Suppe.

Der Volksmund sagt ja: »Liebe geht durch den Magen«. Meine Erfahrung mit Suppe führt in diesen Erfahrungsbereich. Und der Poet, der den Psalm 23 gedichtet hat und damit ein Bild von Gott gezeichnet hat, der mir im Angesicht meiner Feinde einen Tisch deckt, geht vermutlich von einer äquivalenten Erfahrung aus: Ich kann mich an einen bereiteten Tisch setzen und bekomme Becher und Teller gefüllt. Das tröstet.

Es muss natürlich nicht unbedingt Suppe sein – unser Geschäftszimmersoldat erwiderte spontan, nachdem ich ihm von der tröstlichen Wirkung von Suppe erzählte, dass es für ihn eher ein Eisbecher sei ...

2. Der schwarze Engel oder »Das Evangelium ist eine Kraft Gottes, die selig macht ...« (Röm 1, 16)

Im Herbst 1994, kurz nach dem 2. Examen und frisch ordiniert, brach ich nach Ägypten auf, um in der deutschen evangelischen Gemeinde in Kairo ein Auslandsvikariat zu beginnen. Ein neuer Beginn in einer völlig neuen Umgebung. Die vielen Eindrücke dieser Metropole, besonders die Armut und der Schmutz waren eine große Herausforderung – dazu im Kontrast stand die kleine deutsche Gemeinde mit zum Teil wohlhabenden und gebildeten Gottesdienstbesuchern wie eine kleine, deutsch-lutherische Insel und ich weiß noch, wie ich bemüht war, diesen Kontrast mit meinen Predigten ein Einklang zu bringen und ich in den ersten Wochen sehr verunsichert war.

Zwei Jahre nach unserer Rückkehr wurde ich von einem Ehepaar, zu dem in diesem kairener Jahr eine Freundschaft gewachsen war, zu einem runden Geburtstag eingeladen. Zu meiner großen Überraschung wurde ich beim festlichen Abendessen direkt neben die Frau des Geburtstagskindes gesetzt, also quasi als Familienmitglied. Auf meine Frage, wie ich zu dieser Ehre käme, erfuhr ich folgende Antwort: »Du bist mein schwarzer Engel. Die ersten Predigten, die du in Kairo gehalten hast, haben mich getragen. Denn ich war in einer tiefen gesundheitlichen Krise. Deine Worte haben mir neue Hoffnung gegeben. – Und schwarz, das steht nun mal für die Farbe des Talars.«

Ich erzähle diese Geschichte, weil sie ein Beispiel dafür ist, dass Trost geschieht und außerhalb unserer Verfügung steht. Ich wusste damals nichts von der Verfassung, in der sich die Freundin befand. Ich wusste bei der Geburtstagsfeier zwei Jahre später auch nicht mehr, was ich gepredigt hatte. Ich konnte in diesem Augenblick nur die Dankbarkeit über das Geschehene entgegennehmen. Und ich musste eingestehen: Etwas ist durch mich geschehen. Etwas sehr Tröstliches. Ohne Absicht, ohne Planung. Ich werte es als ein Wirken des Heiligen Geistes – als Kraft Gottes, die durch das Evangelium in uns Dinge verändert.

3. Einer der zuhört oder: »Neige zu mir dein Ohr« (Psalm 31, 3)

Regelmäßig werde ich Zeuge von folgendem Geschehen: Ein Soldat, eine Soldatin kommt nach telefonischer Absprache zu mir in die Dienststelle. Es steht dem Menschen ins Gesicht geschrieben, dass es ihm nicht gut geht, weil ihn etwas erschüttert, ängstigt, hilflos macht. Bevor man zum Pfarrer geht, muss schon viel passiert sein. Ich biete einen Platz und einen Kaffee an, und dann schließe ich die Tür hinter mir. Es wird still und dann kommt meistens: »Ich weiß gar nicht, wie ich anfangen soll ...« Nach anfänglichem Stocken beginnt mein Gegenüber dann seine Geschichte und redet wie ein Wasserfall. Ich brauche gar nicht viel zu sagen. Am Ende steht der Mensch dann auf, streckt mir die Hand entgegen und sagt: »Vielen Dank, Sie haben mir sehr geholfen!« Das Gesicht hat sich in der Zwischenzeit entspannt, der Blick ist wieder klar und um die Mundwinkel steht ein Lächeln geschrieben. Ich erwidere dann in der Regel: »Sehr gerne – aber ich habe doch gar nichts gemacht.« – »Doch! Sie haben mir zugehört.«

Was allen diesen Gesprächen gemeinsam ist: Sie sind für die, die ihr »Herz ausschütten«, tröstlich, ohne dass ein Ratschlag, ein Kommentar, eine verstehende Bestätigung von meiner Seite erfolgt ist. Und vielleicht ist es genau dieses Fehlen eines Kommentares jeglicher Art. Die Menschen haben einen Raum, sie haben Zeit, ohne Druck, ohne Bewertung, ohne Ziel und Absicht, völlig ungeordnet und ungefiltert ihre Gedanken, Gefühle, Erfahrungen zu äußern – im wahrsten Sinne des Wortes: von innen aus dem Kerker ihrer Seele ans Licht des Tages zu bringen.

Hier ist der Trost eine Art Selbstreinigung. Es kommt mir vor, als würde ich mir Zeit nehmen, endlich mein heillos zugemülltes

Es kommt mir vor, als würde ich mir Zeit nehmen, endlich mein heillos zugemülltes Zimmer aus- und aufzuräumen.

Zimmer aus- und aufzuräumen. Alles Ungeklärte, Unausgesprochene, Unerlaubte. Das Tröstliche ist, dass ich in diesem Prozess wieder mich selbst spüren kann: meine Bedürfnisse, meine Zerbrechlichkeit, meine Begrenztheit – dass ich mir endlich Zeit für mich nehme, und nicht für andere und anderes. Allein die Tatsache, dass mir jemand diesen Raum gibt, in dem er einfach nur zuhört, gibt mir wieder meinen Wert zurück. Das tröstet.

4. Heulen – oder: »Du sammelst meine Tränen in einen Krug« (Psalm 56,9)

In unserem Soldatengesangbuch, den »Lebensrhythmen«, stehen auch »weltliche« Lieder: Klassiker aus den letzten Jahrzehnten der Pop-Kultur, unter anderem auch »I am sailing« von Rod Stewart. Ich mag das Lied eigentlich nicht. Doch beim letzten Kirchentag hat sich das geändert. Mein Kollege Ernst Raunig, der als Militärseelsorger bei der Marine ist, hat dieses Lied in der Morgenandacht eingesetzt. Live auf dem Keyboard gespielt und selbst gesungen ist es etwas ganz anderes, als es im Radio zu hören. Ich hörte meine Stimme, ich hörte die Stimmen der anderen, und spürte diese besondere Form von Verbundenheit, wie man sie nur beim gemeinsamen Singen spüren kann. Plötzlich ging mir dieses Lied sehr nah: Die Melodie, der Klang, die Harmonien – aber auch der Text, der von der Sehnsucht eines Reisenden nach zu Hause und nach seiner Liebsten erzählt. Ich bekam einen Kloß im Hals und spürte, wie die Tränen aufstiegen. Ich musste die Augen schließen, denn ich kenne das Gefühl »Heimweh« sehr gut.

Nach der Andacht ging ich zu meinem Kollegen und sagt zu ihm: Ernst, auf dem Schiff darfst du das aber nicht singen, oder? Ich will nicht wissen, was dann los ist!« – Er gab mir eine überraschende Antwort: »Das kann ich dir sagen! Auf meiner letzten Fahrt im Mittelmeer haben wir das bei einem Gottesdienst gesungen. Da fangen auch gestandene Männer an zu heulen! Aber danach geht dann alles ein bisschen besser.«

Mal so richtig losheulen – wer kann das schon noch? Männer schon mal gar nicht. Und selbst Frauen entschuldigen sich komischerweise immer für ihre Tränen, wenn sie beim Erzählen plötzlich die Gefühle nicht mehr festhalten können. Ich denke: Mensch, wie schön, dass du deine Geschichte mit uns teilst, dass du dich nicht versteckst. Du bist schön, auch wenn oder besser gesagt: weil du so wehrlos dastehst. Die meisten sind angerührt und natürlich auch verunsichert, weil man nicht weiß, was man jetzt sagen oder tun soll. Ein Tempotaschentuch rausholen, ok! Eine Berührung, eine Umarmung, ist das angebracht? Ist das zu viel? Ist es gewünscht?

Ich glaube, es ist einfach heilsam, wenn wir für einen Moment unsere Beherrschung verlieren und uns gehen lassen. Egal ob gemeinsam, in einer Gruppe, oder für sich alleine. Da wohnt in der Tiefe ein Gefühl, ein Schmerz, eine ungestillte Sehnsucht, eine Verzweiflung. Dieses Gefühl ist eingesperrt wie in einem dunklen Keller und wir brauchen viel Energie, um es dort unten festzuhalten. Dieses Gefühl ist pure Energie, die sich entladen will – in Bewegung, in Tränen, in Schluchzen. Danach sind wir wie befreit, gereinigt und gelöst – es geht uns besser. Wir sind dann zwar vielleicht verletzlich, aber auch in gewisser Weise entschlossen, wieder auf den Weg zu treten und weiterzugehen oder weiterzumachen.

Was es braucht, ist eine Gemeinschaft oder ein Gegenüber, das diese Tränen aushält und sie sein lässt. Ein Gegenüber, das nicht peinlich berührt ist, oder mit Abwertungen, Auslachen oder guten Ratschlägen reagiert.

Einfach mal heulen dürfen. So wie die Seeleute auf dem Achterdeck, wenn sie weit weg von zu Hause sind und »I am sailing« singen. Das ist tröstlich.

Einfach mal heulen dürfen. Das ist tröstlich.

5. Reisesegen – oder: »Gott behütet deine Seele«

Zum Schluss möchte ich noch ein Beispiel für die tröstliche Wirkung eines Rituals schildern. Ein wichtiger Teil meiner Aufgabe in der Militärseelsorge ist die Durchführung von Rüstzeiten – entweder mit Soldaten einer bestimmten Einheit, oder mit Soldatenfamilien am Wochenende oder in den Ferien. Besonders bedeutsam sind dabei die Rüstzeiten, die zur Vorbereitung auf einen Auslandseinsatz dienen. Sie sind ein Mix aus Informationen über Versorgungs- und Versicherungsfragen, über die Situation in den Feldlagern oder das Einsatzland, über den besonderen Auftrag und die damit verbundenen Gefahren; daneben steht der Austausch mit Gleichgesinnten und Betroffenen, die in der gleichen Situation sind, was besonders für die Lebensgefährtinnen eine wichtige Rolle spielt; Angehörige, entsendete Soldaten und auch die, die das »Team Hotel« (Abkürzung für Heimat) bilden, können sich vernetzen und haben Gelegenheit, auch einmal ihre Befürchtungen und Ängste an- und auszusprechen. Denn vieles wird im normalen Alltag verschwiegen, verdrängt und umgangen.

Daneben gibt es auch andere Familienrüstzeiten, die den Familien nach oder zwischen Einsätzen Zeit für sich verschaffen, um dem Alltags-Stress zu entrinnen und Dinge miteinander zu erleben. Zu gewissen Zeiten werden die Kinder betreut, so dass ich Gelegenheit habe, mit den Elternpaaren Themen zu besprechen und zu reflektieren.

»Der Engel des Herrn geleite dich auf deinem Weg. Geh in seinem Schutz und in seiner Kraft.«

Am Ende solcher Rüstzeiten steht der Reisesegen. Üblicherweise wird immer »Möge die Straße uns zusammenführen« als Lied gewünscht und ich lese den Psalm 121. Das Wichtige ist aber das Angebot, dass ich jedem Teilnehmer einen Segen persönlich zuspreche. Ich lege meine Hände in seine und sage: »Der Engel des Herrn geleite dich auf deinem Weg. Geh in seinem Schutz und in seiner Kraft.« Am Ende mache ich ein kleines Kreuz auf die Stirn. Das, was ich in den gemeinsamen Tagen an Lasten und Problemen zu hören bekommen habe, schwingt mit, bleibt aber unausgesprochen. Wichtig ist natürlich der freiwillige Charakter – doch obwohl manche Teilnehmer von sich sagen würden: »Mit Kirche und Glauben hab ich eigentlich nix am Hut« passiert es nur selten, dass jemand geht.

Dies ist ein sehr intensiver Moment. Manche schauen ganz ehrfürchtig, manche lächeln in sich hinein, manchen steigen Tränen auf. Fast alle sagen, sichtlich bewegt: »Danke!« – Ich spüre, dass es den Empfangenden einfach gut tut zu hören und vielleicht sogar in diesem Moment deutlich zu spüren: Ich bin nicht allein. Ich bekomme Hilfe, wenn ich sie brauche. Ich bin angeschlossen, verbunden mit dem größeren Ganzen, das wir Gott nennen.

Karsten Wächter, geb. 1964, war Pastor im »Haus der Stille« der Ev. Kirche im Rheinland in Rengsdorf und Gemeindepfarrer in Bad Neuenahr-Ahrweiler. Gegenwärtig ist er Militärdekan im Bundesministerium der Verteidigung auf der Hardthöhe in Bonn (Ev. Militärpfarramt Bonn I).

Sólo Dios basta: Trostlosigkeit und Trost bei Johannes vom Kreuz

von Thomas Michael Kiesebrink

Johannes vom Kreuz (1542–1591) leuchtet im Sternbild christlicher Mystik als besonders heller Stern. Seine Schriften wie »Die dunkle Nacht« und »Aufstieg auf den Berg Karmel« sind Meisterwerke christlicher Mystagogie. Zwar hat Johannes vom Kreuz nie die Popularität eines Meister Eckhart oder Franz von Assisi erreicht. Und sicherlich trifft auf ihn zu, was auch Lessing von sich sagte, der weniger gelobt und mehr gelesen zu werden wünschte. Seine Größe wurde jedoch in Rom bald erkannt: 1675 erfolgte die Seligsprechung des spanischen Karmeliten; 1726 die Heiligsprechung. 200 Jahre später nimmt ihn Pius XI. schließlich als »doctor mysticus« in die Reihe der Kirchenlehrer auf. Darüber hinaus haben die spanischen Dichter Juan de la Cruz 1952 zu ihrem Patron erhoben.

Mit Blick auf das Thema dieses Heftes eignet sich eine nähere Beschäftigung mit diesem Mystiker ganz besonders. Das wird deutlich, wenn man sich ein schmerzvolles Ereignis in seinem Leben vergegenwärtigt. Johannes vom Kreuz wurde 1542 in Fontiveros/Kastilien als Sohn armer Seidenweber geboren. Als 21-jähriger trat er 1563 in Medina del Campo in den Karmelitenorden ein.[1] Zuvor arbeitete er nach einer schweren und entbehrungsreichen Kindheit – der Vater starb früh, die Mutter musste mit ihren drei Söhnen in materieller Not mehrmals den Wohnort wechseln – als Pfleger in einem Seuchenhospital der Stadt und erhielt nebenher eine solide Schulbildung bei den Jesuiten. Nach dem Noviziat studierte er in Salamanca, damals eine der bedeutendsten Universitäten Europas, Theologie und Philosophie. Bereits in dieser Zeit legt er einen Schwerpunkt auf die Theologie des geistlichen Lebens. Er lernt seine ältere Ordensschwester Teresa von Avila (1515–1582) kennen, eine Mystikerin und geistliche Lehrerin hohen Ranges, die 1565 innerhalb ihres Ordens mit der Gründung von Reformkonventen begonnen hatte, dem später »teresianisch« oder »unbeschuht« genannten Ordenszweig des Karmel.[2] Für diesen Weg der Reform gewinnt sie den

---

[1] Der Ordo Fratrum Beatae Mariae Virginis de Monte Carmelo, OC, ist ein im 13. Jahrhundert aus einer Eremitengemeinschaft am Berg Karmel hervorgegangener Bettelorden.

[2] Besonders bekannt wurde ihre Schrift, »Die Seelenburg«, die eine vollständige Beschreibung ihres spirituellen Weges umfasst.

jungen Ordensbruder Johannes bald nach seiner Priesterweihe. Dem Reformflügel ging es dabei um die Wiedergewinnung einer asketischen Strenge und den Vorrang einer Vita contemplativa vor der Vita activa. Doch musste Johannes für seine Entscheidung, Teresa zu unterstützen, bitter bezahlen. Im November 1577 wird er von Mitbrüdern, die Gegner seiner Reformen waren, entführt. Sie verurteilen Johannes, verschleppen ihn im Dezember nach Toledo und werfen ihn in eine fensterlose Kerkerzelle. Als Reformer und barfüßiger Karmelit durfte er in der Zelle seine Füße nicht mit einer Decke wärmen, so dass ihm in den eisigen Nächten einige Zehen abfroren. Im Sommer war die Kerkerzelle unerträglich heiß. Frische Luft und Kleiderwechsel waren aber ebenso verboten wie ein Gespräch oder geistlicher Trost von einem Seelsorger. Seine Kleidung war schließlich angefault. Dreimal in der Woche durften die Gefangenen die Zelle zum Essen verlassen, die »Reumütigen« unter ihnen aßen an Tischen, Johannes allein musste die Speise – Brot und manchmal eine Sardine – mit dem Mund, auf den Knien rutschend, vom Boden essen. Freitags wurden die abtrünnigen Mönche »diszipliniert«, wie man die Marter nannte, was damit endete, dass sie, im Kreise gehend, sich gegenseitig die Rücken mit einer Peitsche blutig schlugen. Diese Tortur dauerte so lange, bis die Mönche das Miserere (Psalm 51 – einer der sieben Bußpsalmen) gesprochen hatten. Nach neun für Körper und Geist qualvollen Monaten gelang Johannes schließlich die Flucht.

Trotz der Trostlosigkeit und Finsternis der Kerkermonate ist diese Zeit in seinem Leben von höchster Bedeutung. Der reformierte Theologe Walter Nigg bringt das in seiner lesenswerten Monografie »Große Heilige« treffend zum Ausdruck: »Er [Johannes] war in jene Tiefe hinabgestoßen, da der Mensch entweder zerbricht oder aufersteht. Man kann nur ahnen, was in der Seele Johannes vom Kreuz in diesen Monaten vor sich gegangen ist. In diesen martervollen Stunden... wurde in ihm der mystische Dichter geboren. Als er jeglichen menschlichen Trostes beraubt war und niemand ihm nur ein gutes Wort gönnte, als er sich so verlassen vorkam, wie nur eine Seele in Einsamkeit sich vergessen fühlen kann, und die finsteren Schatten der Schwermut sich auf sein Gemüt niederzusenken begannen, als die Verzweiflung sich seiner zu bemächtigen drohte – da entrangen sich seiner gequälten Brust die ersten süßen Laute des Dichters.«[3]

---

[3] Walter Nigg, Große Heilige, Zürich 1993, 284–285.

Als Teresa von Ávila 1582 in Alba de Tormes gestorben war, fand man in ihrem Brevier einen Zettel mit einem dreimal dreizeiligen Gedicht. »Nada te turbe – Nichts soll dich verwirren...«, lauten die ersten Worte. In einer Vertonung aus Taizé ist es inzwischen weltweit bekannt geworden. Lange hielt man das Gedicht für Teresas eigenes Werk. Doch heute geht die Forschung davon aus, dass Johannes der Verfasser ist. Vermutlich hat er es Teresa geschenkt, vielleicht sogar für sie gedichtet. Die letzte Zeile des Gedichtes lautet: »Sólo Dios basta«, im deutschen Sprachraum bekannt in der Übersetzung: »Gott allein genügt!« Doch diese Übersetzung kann missverstanden werden. Nicht »Gott *allein* genügt«, sondern »*Allein* Gott genügt«, schrieb Johannes vom Kreuz seiner geistlichen Gefährtin.

Nicht »Gott allein genügt«, sondern »Allein Gott genügt«.

Die Verse bringen eine zentrale Erfahrung des Mystikers zum Ausdruck:

Als alle irdischen Mächte sich gegen ihn wenden, aller Güter und Sicherheiten beraubt, erfährt er eine ungeahnte Nähe Gottes.

Das Gedicht hat folgenden Wortlaut:

Nada te turbe,
nada te espante,
todo se pasa,

Dios no se muda.
La paciencia
todo lo alcanza.

Quien a Dios tiene
nada le falta.
Sólo Dios basta.

(dt. Übersetzung):
Nichts soll dich verwirren,
nichts dich erschrecken.
alles vergeht,

Gott ändert sich nicht.
Die Geduld
erlangt alles.

*Gott ändert sich nicht.
Die Geduld
erlangt alles.*

Wer Gott hat,
dem fehlt nichts.
Gott allein genügt.

Sólo Dios basta! Unter diese Maxime hat er sein ganzes Leben gestellt. Darin fand er Orientierung für sein Denken, Glauben und Handeln. Was besagt dieses »Sólo Dios«?

1. Teilhabe an Gott als Hauptanliegen christlichen Mystik

Das Ziel, zu dem die Seele zu führen ist (hier kommt Johannes dem Athanasius nahe), ist das der Teilhabe an Gott. Allerdings wird dieses Ziel erst in der Ewigkeit erreicht, dann werden wir »an Gott selber teilnehmen, zugeteilt der Heiligsten Dreifaltigkeit, mitwirkend an deren Werke.«[4] Das gesamte Leben ist für Johannes nur von diesem Ziel her zu verstehen, es ist eine »Umformung in Gott hinein.«[5] Eine solche Umformung erfordert die Trennung von allen egoistischen, auf das eigene Ich ausgerichteten Bestrebungen, auch und gerade dann, wenn sie Gott gelten, sie erfordert die Übung der Askese während des ganzen Lebens. Doch ist die Askese für Johannes nicht Selbstzweck: »Geistliche Übungen und religiöse Vollzüge ... sind dem Weg auf das Ziel hin nicht schon in sich förderlich; sie können auch geeignet sein, sich Gottes zu bemächtigen und am Reich Gottes in aller Frömmigkeit schnurgerade vorbeizuleben.«[6] Johannes vom Kreuz thematisiert daher immer wieder bestimmte Irrwege im geistlichen Leben. Es sind Irrwege des unvollkommenen Geistes, der Weg des religiösen Utilitarismus (Zuwendung zu Gott, nur um die eigenen Anliegen durchzusetzen) oder spiritueller Hedonismus (Zuwendung zu Gott, nur um sich dabei wohl zu fühlen; Wellness-Spiritualität). Diese Irrwege lenken vom Wesentlichen ab: dem Gewahrwerden der Gegenwart Gottes. Das bedeutet nun nicht, spirituelle oder asketische Praktiken zu lassen, sondern ein in der Askese vollzogenes Lassen der falschen Motivation.

2. Zweisamkeit mit Gott

Wie in jeder zwischenmenschlichen Beziehung braucht es auch mit Gott Zeiten der Zweisamkeit. Und zwar in Form eines zweckfreien Zusammenseins, des Schweigens und des Hörens. Das »liebende Aufmerken« auf Gott hin, von dem Johannes immer wieder spricht, braucht Räume der ungeteilten Aufmerksamkeit. In den Worten Edith Steins: Es kommt darauf an, dass man »einen stillen Winkel hat, in dem man mit Gott so verkehren kann, als ob es sonst überhaupt nichts gäbe, und das täglich ...«.[7]

3. Gottes Führung

Im Leben und Wirken von Johannes begegnet uns ein grenzenloses Vertrauen in die immerwährende Gegenwart und lenkende Fürsorge Gottes. Damit verbunden ist eine große Gelassenheit und

---

[4]   Johannes vom Kreuz, Geistlicher Gesang 39,6.
[5]   Johannes vom Kreuz, Aufstieg zum Berg Karmel I, 4,3.
[6]   A. a. O., 15.
[7]   Selbstbildnis in Briefen I (1916–1933). Edith Stein Gesamtausgabe, Freiburg i. Br. 2000, Nr. 60, S. 85 f.

Foto: Rolf Gerlach

Freiheit in seiner seelsorglichen Praxis. Grundsätzlich gilt: Ohne eigenes Bemühen gibt es keinen Erkenntnisgewinn und keinen Fortschritt auf dem geistlichen Weg. Aber genauso gilt: Während meines gesamten geistlichen Entwicklungsprozesses ist Gott der eigentliche Akteur und übernimmt die Führung. Es gibt Phasen im Leben, in denen alles, was ich selbst erreichen möchte, hinderlich ist. Hier ist es geboten, sich Gottes Führung ganz zu überlassen und darauf zu vertrauen, dass allein er genügt. Der Mensch wird es dann »nicht nötig haben, an den Türen armer Leute zu betteln« – womit Johannes sich selbst, den gefragten Seelsorger, meint.

4. Orientierung am Leben Jesu

Dem Vertrauen in Gottes Führung entspricht die Orientierung am Leben Jesu. Er ist auf dem Weg zu Gott der einzige Wegweiser: »Richte die Augen einzig auf ihn … in ihm wirst du alles finden.« Ebenso wie Teresa von Ávila wusste auch Johannes, wie notwendig und wertvoll diese Einsicht ist. Durch das Studium der Heiligen Schrift lernt man Jesus immer besser kennen – was die Voraussetzung dafür ist, seiner Gottesliebe nachzuspüren und ihm ähnlich zu werden. Die Angleichung an Jesus auf der Grundlage der Betrachtung seines Lebens und Wirkens ist der Weg zu Gott schlechthin.

Zusammenfassend lässt sich sagen:
Allein bei Gott kommt das sehnende Herz zur Ruhe und findet Trost. Nichts entspricht der Würde des Menschen so sehr wie ein Leben in Gottes Gemeinschaft. Und das heißt auch: Erst aus der gelebten Beziehung mit Gott erhält alles seinen eigentlichen, von Gott ihm zugedachten Wert. Durch die »dunkle Nacht« verhilft

Durch die »dunkle Nacht« verhilft Gott dem Menschen zum Loslassen.

Gott dem Menschen zum Loslassen. Mit diesem Bildwort meint Johannes einen Zustand tiefster Trostlosigkeit und scheinbarer Gottverlassenheit. Die Seele muss in diese Nacht eingehen, wenn sie zu Gott kommen will. In solchen Zeiten kann sie lernen, alles herzugeben und auf nichts zu bauen als auf Gott allein. Sich immer weniger an die Welt zu klammern, ist daher die eigentliche Herausforderung: »Denn gleichwie der Ackerboden, wenn er Frucht bringen soll, erst bearbeitet werden muß – ohne Bearbeitung kann er nur Unkraut hervorbringen – so muß auch die Seele, um vorwärts zu kommen, erst ihre Gelüste ertöten.«[8] Walter Nigg bringt es treffend auf den Punkt: »Für diese Entäußerung hat Johannes das grundlegende Prinzip aufgestellt, das für jedes christliche Leben Gültigkeit besitzt, und das seltsamerweise fast nie beachtet wird: die Seele muss ihr Streben nicht auf das Leichtere, sondern auf das Schwierigere richten.«[9]

Dabei geht Johannes nicht darum, einen Gegensatz von innen und außen, von Gott und Welt zu konstruieren, sondern den Blick zu schärfen für jede Art von Äußerlichkeit; hinter der Oberfläche der Dinge – wie auch jedes Menschen – gilt es das Wesentliche zu entdecken.

Das »Sólo Dios« bei Johannes ist die Antwort eines Geliebten, der zum Liebenden wurde. Ein Liebender, der nicht mehr anders kann, als »allein Gott« den Vorrang zu geben. Mit den Worten des Poeten gesprochen:

»Wohl von Finsternis umgeben
Wall' ich durch das Todestal,
Doch ist groß nicht meine Qual;
Denn ein wenig himmlisch Leben
Ward mir statt des Lichtes Strahl.
Blinder ist als blind die Liebe
Zu des ew'gen Lebens Gnade,
Und sie lenkt der Seele Triebe
Ohne Licht auf dunklem Pfade.«[10]

Thomas Michael Kiesebrink, geb. 1976, ist Bruder der Evangelischen Michaelsbruderschaft im Konvent Oberrhein. Er arbeitet als Pfarrer im Kirchenbezirk Konstanz und schließt in Kürze seine neutestamentliche Dissertation »Jesus als Mystiker in der synoptischen Tradition« ab.

---

[8] Des heiligen Johannes vom Kreuz sämtliche Werke, 1924–1929, Bd. I, S. 42.
[9] Nigg, Heilige, 298.
[10] Des heiligen Johannes vom Kreuz kleinere Schriften, München 1940, S. 198f. Die Verse wurden vermutlich zwischen 1584 und 1586 geschrieben.

Trost in Quellen aus dem Mittelalter

ausgewählt und kommentiert von Heiko Wulfert

Der Glaube bot dem mittelalterlichen Menschen Zuflucht aus der Erfahrung einer immer wieder bedrohlichen, von misslicher Witterung, epidemieartigen Krankheiten und Unterdrückung gezeichneten Wirklichkeit. Ist es bei Boethius noch die Zuflucht in die Philosophie und das Reich des Denkens, so wird es immer mehr die Betrachtung des Kreuzes und der Leiden Christi, die dem Gläubigen Trost und Zuflucht in seiner Sündennot und in der täglich erfahrenen Zerbrechlichkeit des Lebens gewährt.

Boethius, geboren um 480, entstammte dem römischen Adelsgeschlecht der Anicier. Im Jahr 510 wurde er Konsul und stand zuletzt als Magister officiorum im Dienst des ostgotischen Königs Theoderich. 524 wurde er hingerichtet, weil man ihm verschwörerische Tätigkeiten vorwarf. Als Vermittler der antiken Kultur hat er sich durch seine Übersetzungen und Kommentare zu Aristoteles, Plato und Porphyrius große Verdienste erworben. Er las die alten Philosophen als Christ und bedachte die christliche Lehre im Spiegel ihrer Philosophie. Sein Buch vom »Trost der Philosophie«[1], das er im Kerker in Erwartung seines Urteilsspruches geschrieben hat, war eines der am meisten gelesenen Bücher des Mittelalters. Aus seiner verzweifelten Lage nimmt Boethius Zuflucht zur »Philosophia«, die ihm als Frau erscheint und ihn überzeugt, die äußeren Güter zu verachten, die nur Abbilder der Glückseligkeit seien, und seinen Blick auf das höchste Gut, Gott zu richten:

> *Da du nun also erkannt hast, was jenes Wahre ist, auf der anderen Seite, was ein Glück nur vorlügt, bleibt jetzt noch übrig, daß du erkennst, woher du das Wahre holen kannst.*

> *Das, sagte ich, erwarte ich schon längst sehnsüchtig.*

> *Aber da man, sagte sie, wie es im Timaios meinem Plato gefällt, auch in den kleinsten Dingen göttliche Hilfe anflehen muß: Was müssen wir nach deiner Meinung jetzt tun, damit wir die Heimat jenes höchsten Gutes zu finden verdienen?*

---

[1] Boethius; Philosophiae consolationis libri quinqe; hrsg. von K. Büchner; ³1960. Übersetzung von K. Büchner mit einer Einleitung von F. Klingner, Stuttgart 1971 (Reclams UB 3154), u. a. Zit. S. 100–103.

»Wir müssen den Vater aller Dinge anrufen, sagte ich. Wenn man dies unterläßt, kann kein Beginn recht gegründet sein.«

Wir müssen den Vater aller Dinge anrufen, sagte ich. Wenn man dies unterläßt, kann kein Beginn recht gegründet sein.

Richtig, sagte sie, und begann sogleich folgende Weise:

Du, der das Weltall in ewiger Satzung beherrschet, des Himmels und der Erden Schöpfer, der du von Ewigkeit wandeln hießest die Zeit und in Ruh selbst, gibst, daß sich alles bewege, den nicht äußere Gründe getrieben, aus flutendem Stoffe auszuformen das Werk, sondern eingeborene Form des höchsten Guten, das frei von Mißgunst: du leitest alles ab vom Vorbild droben, im Geist das herrliche Weltall tragend, selber am schönsten, es formend in ähnlichem Abbild und befiehlst dem Vollkommnen vollendet Teile zu bilden. Du erbändigst durch Zahlen den Urstoff, daß sich die Kälte schickt in die Flamme, das Trockne dem Flüssigen, daß nicht das Feuer zu rein entfliege oder die Massen der Erde versenken. Du bist's, der füget als Mitte die alles bewegende Seele dreigeteilter Natur und sie löst in einträcht'ge Glieder; da sie zerteilt die Bewegung in doppeltem Kreise geballt hat, läuft sie ins Selbst sich zu kehrn und umkreist die Tiefe des Geistes, dreht auch herum zugleich nach ähnlichem Bilde den Himmel. Du führst geringere Seelen und Wesen hervor durch gleichen Grund und die flüchtigen fügend an leichte Gefährte, verteilst du diese der Erde, jene dem Himmel; nach gütiger Satzung dir zugewendet läßt du sie heimkehrn geleitet durchs Feuer. Gib dem Geiste, o Vater, den erhabenen Sitz zu erklimmen; gib die Quelle des Guten zu schaun; wenn das Licht so gefunden, gib, daß von Angesicht auf dich das Auge des Geistes sich hefte! Schlage entzwei Gewicht und Nebel der irdischen Schwere! Strahle in deinem dir eigenen Glanze; denn du bist der Heitre, Du bist ruhige Rast allen Frommen, dich sehen ist Endziel, Anfang, Beweger du, Führer und Pfad und Ende im gleichen!

Da du nun also gesehen hast, welches die Gestalt des unvollkommenen Guten und auch die des vollkommenen Guten ist, glaube ich jetzt darlegen zu müssen, wo denn diese Vollkommenheit des Glückes wohnt. –

Dabei glaube ich dies erst untersuchen zu sollen: ob irgendein Gut dieser Art, wie du es kurz vorher umschrieben, überhaupt in der Natur entstehen kann, auf daß uns nicht – abgesehen von der hypothetischen Wahrheit – im übrigen ein leeres Gedankenbild folge. Aber daß es entsteht und gleichsam die Quelle aller übrigen Güter ist, läßt sich nicht leugnen; alles nämlich, von dem man sagt, es sei unvollkommen, das, sagt man damit, ist unvollkom-

men durch Mischung des Vollkommenen. Daraus folgt, daß, wenn
in irgendeiner beliebigen Art irgend etwas unvollkommen zu
sein scheint, es in ihr auch notwendig etwas Vollkommenes gibt;
denn höbe man die Vollkommenheit auf, so kann man sich auch
nicht ausdenken, woher jenes, was unvollkommen genannt wird,
entstanden ist. Die Natur nahm nämlich nicht von Gemindertem
und Mangelhaftem ihren Anfang, sondern von Unversehrtem
und Vollkommenem ausgehend verfällt sie in diese letzten und
erschöpften Dinge. Wenn nun, wie wir kurz vorher zeigten, das
unvollkommene Glück eines zerbrechlichen Gutes existiert, läßt
sich nicht bezweifeln, daß auch ein festes und vollkommenes
vorhanden ist.

Der Schluß ist, sagte ich, überaus fest und wahr. –

Wo es aber wohnt, sagte sie, darüber stelle folgende Erwägungen
an. Daß Gott, der Fürst aller Dinge, gut ist, beweist die allen
menschlichen Geistern gemeinsame Vorstellung. Denn da sich
nichts ausdenken läßt, das besser wäre als Gott, wer könnte dann
daran zweifeln, daß das, darüber hinaus nichts besser ist, gut
ist? Die vernünftige Überlegung zeigt aber, daß Gott in der Weise
gut ist, daß nach ihrem Beweise in ihm das vollkommene Gute
wohnt. Denn wäre es nicht so beschaffen, wird er nicht der Fürst
aller Dinge sein können; wird doch etwas im Besitze des vollkommenen Guten dann hervorragender sein als er, weil dieses nun
das Frühere und Ältere zu sein schiene; denn alles Vollkommene
– das ist klar geworden – ist das Frühere dem Unberührten gegenüber. Deshalb muß man, damit der Gedanke nicht ins Unendliche
fortschreite, zugeben, daß Gott, der Höchste, erfüllt ist vom
höchsten und vollkommenen Guten. Das vollkommene Gute aber,
so haben wir aufgestellt, ist das vollkommene Glück. Das wahre
Glück also muß notwendig in Gott, dem Höchsten, wohnen.

Ich nehme an, sage ich, und man kann nichts dawider sagen.

Die Nonne und Dichterin **Hroswitha von Gandersheim** gestaltete
um 1000 in ihrer Legende vom Fall und der Rettung des Theophilus (De lapsu et conversu Theophiliii vicedomini) ein Drama, das
an das spätere Faust-Motiv anklingt. Darin findet sich die Selbst-
anklage des Theophilus über seine Sünde und sein Versuch, bei
der Mutter Gottes Trost und Zuflucht zu finden[2]:

---

[2]   H. Schuster/K. Ringshausen/ W. Tebbe (Hrsg.); Quellenbuch zur Kirchengeschichte I/II;
      Frankfurt a. M./Berlin/Bonn ⁵1964, S. 58.

Wehe mir, den eigne Schuld vernichtet!
Ich verleugnete den Sohn der Gottheit
und zugleich des Heilands Mutter.
Einstens werd ich von der Nacht umfangen,
denn, getäuscht vom falschen Glanz der Erde,
beugte ich mich vor dem Herrn des Dunkels.
Was denn werde ich, der Sünder, sagen
an dem Tag, an dem der Geist uns richtet,
uns belohnend nach des Rechtes Waage?
Wer doch wird sich meiner dann erbarmen,
wenn ja kaum der Gute Gnade findet?
Nur des Himmels Königin, die Jungfrau,
welche den Erlöser uns geboren,
des erhabenen Gottes reine Wonne.
nur Maria, die voll Mitleid waltet,
sich erbarmend alle zu erretten,
kann allein Verzeihung mir verbürgen,
wenn für mich sie bei dem Gottsohn bittet.
Aber wenn ich mit unreinen Lippen
sie, die ich mit wahnberücktem Herzen
schmähte, wieder anzurufen wage:
fürchte ich, daß mich des Himmels reine
Glut verzehre, weil das Licht der Höhe
vor des Frevels Finsternissen schaudert.
Doch mich überwältigt bittre Trauer,
und ich will um ihre Gnade ringen,
daß sie den verlornen Geist errette.

Von **Hadewych** wissen wir keine biographischen Details. Ihre in mittelniederländischer Sprache verfassten Schriften stammen aus der Mitte des 13. Jahrhunderts. In ihrer Sprache zeigt sie sich mit lateinischen Formulierungen ebenso vertraut, wie mit der Sprache des Minnesangs. Sie bewegt sich im Kreis communitären Lebens, wahrscheinlich als Begine. Ihre Werke, 31 Briefe und eine Gedichtsammlung, waren von Einfluss auf den großen Mystiker Jan van Ruysbroek. Ich gebe den fünften Brief der Sammlung wieder[3]:

»Gott, sei mit dir, meine Herzliebe, und gebe dir Trost und Freude in ihm selbst.«

Gott, sei mit dir, meine Herzliebe, und gebe dir Trost und Freude in ihm selbst. Vor allen Dingen sähe ich gern, daß Gott dich mit seinem Frieden erquicke, mit seiner selbsteignen Güte tröste und mit seinem hochgemuten Geiste erfülle! So wird er auch tun und

---

[3] J. O. Plassmann (Hrsg.); Die Werke der Hadewych; Hannover 1923, S. 13 f.

gerne wirst du ihm vertrauen und dich ganz auf ihn verlassen. Ach, liebes Kind, versenke dich mit ganzer Seele völlig in ihm, losgelöst von allen Dingen, die nicht Liebe sind, was dich auch immer überkomme! Denn viele Stöße haben wir zu ertragen, aber wenn wir sie aushalten, reifen wir zur Vollkommenheit heran.

Große Vollkommenheit ist es, alles von den Leuten zu ertragen, aber Gott weiß: Größte Vollkommenheit ist es, die falschen Brüder zu ertragen, die Hausgenossen des Glaubens scheinen! Ach, dich kann es nicht verwundern, aber mir tut es weh, daß diejenigen, die wir erwählt haben, mit uns in unserem Geliebten jubilieren, uns hier zu stören beginnen, um uns zu trennen, und namentlich mich, die sie mit niemandem lassen wollen! Weh, wie unsäglich süß läßt mich die Minne ihr Wesen fühlen und ihre Gaben, die mir von ihr kommen! Ach, ich kann ihr nicht entsagen, du aber kannst auf sie warten und ihrer harren, von der man sagt, daß sie alles überwindet.

Ach, Liebste, warum hat dich die Liebe nicht fest genug bezwungen und in ihrer Tiefe verschlungen? Weh, süß ist die Minne; warum fällst du nicht tief in sie hinein und erreichst Gott nicht tief genug in der Tiefe seiner Natur, die so unergründlich ist?! Süßes Lieb, gib dich aus Liebe Gott völlig in Liebe, das ist dir not. Denn uns beiden ergeht es schlecht, ja dir schlecht und mir allzu schwer. Ach, teures Lieb, kein Leid darf dich der Tugend entziehen. Du kümmerst dich zu sehr um viele Dinge, die keinen großen Wert für dich haben. Viel Zeit verschwendest du mit deiner vorschnellen Hast, wenn du dich zu sehr an die Dinge verlierst, die dir begegnen. Nie ist es mir gelungen, dich darin zum Maßhalten zu bewegen. Was dich gerade reizt, dem gibst du mit solcher Hast nach, als wenn nichts anderes mehr der Betrachtung wert wäre. Wenn du all denen, die du Freunde nennst, Trost und Hilfe spendest, so ist mir das sehr lieb; ja, aber im besten Sinne, auf daß du und sie im Frieden bleiben; dann leide ich es gerne. Bei der gerechten Liebestreue bitte und ermahne ich dich, tu und laß alle Dinge, wie ich es dir geraten habe; und tröste um unserer ungetrösteten Betrübnis willen alle Betrübten nach bestem Können. Vor allem aber dringe ich in dich, unsere von Ewigkeit her befohlenen Gebote der Liebe ganz zu halten, unberührt von allen fremden Sorgen und Schmerzen.

Jacopone da Todi, geboren um 1260, trat nach dem plötzlichen Tod seiner Frau als Laienbruder in den Franziskanerorden ein. 1297 beteiligte er sich an einer Verschwörung gegen Papst Bonifaz VIII., wurde ergriffen und inhaftiert. Er wurde erst 1303 wieder aus der Haft entlassen und starb 1306. Wohl in der Haft entstand seine bekannteste Dichtung, die Sequenz vom Mitleiden der Maria unter dem Kreuz, *Stabat Mater dolorosa*, eine Trostdichtung in der Anfechtung durch den Tod:

Stand die Mutter voller Schmerzen
Weinend unterm Kreuz von Herzen,
Wo ihr Sohn im Sterben hing.
Durch die Seele voll Verzagen
Trauernd tief mit Seufzerklagen
Ihr das Schwert des Leidens ging.

O wie trüb und traurig weihte
Tränen die gebenedeite
Mutter ihrem Sohne da.
Hilflosflehend, schmerzvergehend,
Zitternstehend, angstvollsehend,
Daß der Tod dem Einzigen nah.
Wo ein Mensch, der hier nicht weinet,
Wenn ihm solche Qual erscheinet,
Darin Christi Mutter weilt?
Wer nicht fühlte Mitleidsschauer
Bei der frommen Mutter Trauer,
die des Sohnes Schmerzen teilt?
Sieht für seines Volks Verschulden
Jesum bittre Marter dulden,
Geißelhieb sein Fleisch zerreißt.
sieht den lieben Sohn erblassen,
Sieht ihn sterben trostverlassen,
Und aufgeben seinen Geist.

Laß mich, Mutter, Quell der Liebe,
Unter gleichem Geißelhiebe
Mit dir trauern wehmutsvoll.
Laß, uns liebend zu erkennen
Christum-Gott, mein Herz entbrennen.
Wie es ihm gefallen soll.

Zur Matutin

Heilge Mutter, laß mich bitten:
Was dein Sohn am Kreuz erlitten,
Präge tief auch mir ins Herz,
Was, gebunden und voll Wunden,
Er empfunden; mitbekunden
Laß mich, teilend seinen Schmerz.

Laß mein Weinen mit dem Deinen
Um den Sohn am Kreuz mich einen
Allsolang ich lebe hier.
Unterm Kreuz mit dir zu weilen
Und als dein Genoss zu teilen
Einen Gram, das gönne mir.

Zu den Laudes

Jungfrau, aller Jungfraun Zierde,
Stille liebreich die Begierde,
Daß mit dir ich weinen darf.
Christi Leiden und Verscheiden
Laß bedenken mich, und schneiden
Laß den Gram durchs Herz mir scharf.

Ja, laß Wunden mich durchwühlen,
Schmerzenstrunkenheit zu fühlen
Durch die Liebe für den Sohn.
So, entbrannt in hellen Flammen,
Laß mich, Jungfrau, nicht verdammen
Vor des Weltenrichters Thron.

Gib das Kreuz mir denn zur Stütze;
Daß mich Christi Tod beschütze,
Mache reich an Gnaden mich.
Dann wird, wenn der Leib gestorben,
Paradiesesluft erworben
Meiner Seele ewiglich.

Die Verehrung des heiligen Kreuzes nahm mit der Not der Kirche und der Gläubigen im Mittelalter zu. Die Kirche verstand sich als die Gemeinde des gekreuzigten Christus und nahm Anteil an seinen Leiden. **Johannes Bonaventura** (+1274) beschreibt in einer seiner Predigten diese tröstliche Verbundenheit[4]:

Betrachte auch, du erlöster Mensch, wer es ist, der für dich am
Kreuz hängt, wie groß und heilig er ist, er, dessen Tod die Toten
lebendig macht, bei dessen Hinübergang Himmel und Erde
trauerten und harte Felsen zersprangen.

Aus der Seite des am Kreuz entschlafenen Christus sollte die
Kirche gebildet werden, und es sollte sich die Schrift erfüllen:
»Sie werden auf den blicken, den sie durchbohrt haben«. Darum
verfügte Gott, daß einer der Soldaten diese Seite durchbohrte und

> Die Verehrung des heiligen Kreuzes nahm mit der Not der Kirche und der Gläubigen im Mittelalter zu.

---

[4] Opera omnia 8, ed. A. Lauer, Quaracchi 1898, 79.

öffnete. Blut und Wasser flossen heraus, der Lösepreis unseres Heils. Ausgegossen aus dem Quell, dem Allerheiligsten des Herzens, sollte dieser Preis den Sakramenten der Kirche die Kraft geben, das Leben der Gnade zu gewähren. Den bereits in Christus Lebenden sollte er der Becher lebendigen Wassers für das ewige Leben sein.

Eile hin zu diesem Quell des Lebens und des Lichtes mit lebendigem Verlangen, du gottliebende Seele, wer immer du bist, und rufe zu ihm mit der innersten Kraft des Herzens: Du unsagbare Schönheit des höchsten Gottes, du reinster Abglanz des ewigen Lichtes, du Leben, das allem Leben das Leben gibt, du Licht, das allem Licht das Licht verleiht und seit dem ersten Morgenrot die vielfältigen Lichter des Himmels in immerwährendem Glanz erhellt, vor dem Thron deiner Gottheit.

Du ewiger, unzugänglicher, lauterer und süßer Strom aus der Quelle, die vor den Augen der sterblichen Menschen verborgen ist, deren Tiefe ohne Grund, deren Höhe ohne Grenzen, deren Weite ohne Schranken ist und deren Reinheit nicht getrübt werden kann! Aus ihr entspringt der Fluß, der die Gottesstadt erfreut, damit wir unter Jubel und Dank Loblieder singen und uns die Erfahrung bezeuge: »Bei dir ist die Quelle des Lebens, in deinem Licht schauen wir das Licht.«

Im späten Mittelalter ist die Gattung der **Ars moriendi**-Literatur weit verbreitet, die zuerst zur Zeit der großen Pestepidemien auftritt. Es geht darum, die Kunst des Sterbens einzuüben und sich auf einen guten Tod und den Weg ins ewige Leben vorzubereiten. Dabei werden, immer wieder mit vielen Bildern versehen, zuerst die Versuchungen dargestellt, mit denen der Teufel den Sterbenden heimsucht: die Angst vor dem Tod, der Gedanke an die eigenen Sünden, die Prädestinationsangst. Dem soll mit den rechten Gebeten, Psalmversen und Betrachtungen begegnet werden. Gegen alle Schrecken des Teufels soll der Sterbende immer wieder auf den gekreuzigten Christus sehen und zu ihm seine Zuflucht nehmen. Auch Luther schrieb 1519 ein solches Buch zur Ars moriendi, seinen »*Sermon von der Bereitung zum Sterben*«[5]. Ein Vergleich von Luthers Schrift mit der »*Ars moriendi*« des Ludwig von Ulm[6] (1475/1480), deren Abschluss im Folgenden gegeben wird, zeigte den ganz anders gearteten Gedankengang des Reformators und seine Betonung des fröhlichen Glaubensvertrauens:

---

[5] BoA 1, S. 161–173.
[6] Ein Druckexemplar findet sich in der Bayerischen Staatsbibliothek München AMd – 07,01.

Eine allgemeine Rede des sterbenden Menschen: solange er Sinn, Rede und Vernunft hat, so soll er Gott anrufen, daß er ihn durch seine grundlose Barmherzigkeit und die Kraft seines Leidens wolle empfangen. Danach seine liebe Mutter Maria, die Jungfrau, daß sie für ihn bitte. Danach alle Engel, besonders den, der ihm zur Hut gegeben ist. Danach die zwölf Boten, die Märtyrer, die Büßer und die Jungfrauen und besonders die, die er in seiner Gesundheit geehrt hat. Dieselben sollen ihm auch mit dem Kruzifix vorgehalten werden. Ebenso soll er dreimal diesen Vers sprechen: Du hast meine Bande zerbrochen und ich werde dir opfern das Opfer des Lobes. Von diesem Vers sagt Cassiodor, daß er kräftig sei zum Ablaß der Sünden, wenn er mit wahrer Buße gesprochen wird. Sankt Augustin lobt das folgende Gebet: der Friede des Herrn Jesus Christus, die Kraft seines Leidens, das Zeichen des heiligen Kreuzes, die Reinheit der Jungfrau Maria, der Segen aller Heiligen, der Schirm aller heiligen Engel und auch das Gebet aller Auserwählten, die seien Hut zu meiner Stunde dieses Sterbens zwischen mir und allen meinen sichtbaren und unsichtbaren Sünden. Amen. Zu dem Letzten soll er sprechen den Vers: Herr, in deine Hände befehle ich meinen Geist. Wenn aber der Sieche nicht reden möchte, so soll er diese Dinge im Herzen betrachten und sie sollen auch von anderen Leuten mit heller Stimme gesprochen werden, die der Seele des Siechen dienen. Denn kein sterbender Mensch soll allein bleiben, sondern versehen sein mit anderen Leuten, die ihn mit guter Mahnung und Lehre zusprechen können zur Stetigkeit des Glaubens und der Geduld, zur Andacht und guten Meinung oder Hoffnung zu Gott. Aber es sind leider Wenige, die ihrem Nächsten in Sterbensnöten beistehen wollen, darum manche Seele elendiglich wird versäumet. Davor uns Gott, der Allmächtige, wolle behüten. Amen.

Dr. Heiko Wulfert, geb. 1960, ist Pfarrer in Aarbergen-Kettenbach, Ältester im Konvent Hessen der Evangelischen Michaelsbruderschaft und Sekretär der EMB für Theologie und Ökumene.

»*Denn kein sterbender Mensch soll allein bleiben, sondern versehen sein mit anderen Leuten, die ihn mit guter Mahnung und Lehre zusprechen können.*«

Wo steht die Gemeinschaft Evangelischer Kirchen in Europa ein Jahr nach der Vollversammlung?

von Mario Fischer

Die »Verwirklichung« der Kirchengemeinschaft vollzieht sich daher im Leben der Kirchen und Gemeinden im gemeinsamen Zeugnis vor der Welt und im gemeinsamen Dienst an der Welt.

1. Überblick über die bisherigen Vollversammlungen der GEKE

Während die Leuenberger Konkordie von 1973 ein kirchengeschichtlich abgeschlossenes Dokument ist, durch das die evangelischen Kirchen Kanzel- und Abendmahlsgemeinschaft erklärten, befindet sich die Kirchengemeinschaft, die durch die Leuenberger Konkordie gestiftet wurde, im lebendigen Wandel. Schon die Leuenberger Konkordie unterschied zwischen dem statischen und dynamischen Aspekt der Gemeinschaft. Durch den performativen Akt der »Erklärung« von Kirchengemeinschaft entsteht ein neuer Zustand: Die innerevangelischen Lehrverurteilungen und Kirchentrennungen des 16. Jahrhunderts sind aufgehoben, Kirchen gewähren einander Kanzel- und Abendmahlsgemeinschaft und erkennen ihre Ordinationen gegenseitig an. (Lk 30–34) Doch dabei kann es nicht stehen bleiben. Die »Verwirklichung« der Kirchengemeinschaft vollzieht sich daher im Leben der Kirchen und Gemeinden im gemeinsamen Zeugnis vor der Welt und im gemeinsamen Dienst an der Welt. Dazu dient die Vertiefung des gemeinsamen Verständnisses des Evangeliums durch kontinuierliche theologische Weiterarbeit. (Lk 35–41) Zudem braucht die Kirchengemeinschaft dafür ein Mindestmaß an Organisationsstrukturen: Wie werden die Mitgliedskirchen an Lehrgesprächen und Studienprozessen beteiligt? Wo ist der Ort, an dem alle Mitgliedskirchen miteinander ins Gespräch kommen können? Welche Verbindlichkeit haben die gemeinsamen Beschlüsse für die Mitgliedskirchen?

Schon früh hat sich in der Leuenberger Kirchengemeinschaft (die im Jahr 2003 in Gemeinschaft Evangelischer Kirchen in Europa – GEKE – umbenannt wurde) eine Vollversammlung der Mitgliedskirchen entwickelt, die alle fünf bis sieben Jahre zusammenkommt. Fanden die ersten drei Vollversammlungen zu Zeiten der Ost-West-Spaltung unter dem Vorzeichen des Eisernen Vorhangs statt, so konnte die 4. Vollversammlung 1994 in Wien unter dem Motto »Wachsende Gemeinschaft in Zeugnis und Dienst – Reformatorische Kirchen in Europa« neben der kirchlichen Einheit auch die politische Einheit Europas in den Blick nehmen.

Bei der 5. Vollversammlung 2001 in Belfast, die den »Auftrag der evangelischen Kirchen in Europa« in den Mittelpunkt stellte, wurde daher erklärt, die GEKE solle die »Protestantische Stimme in Europa« bündeln und zum Ausdruck bringen. Die Forderung nach einer europäischen Synode wurde zugleich aber abgelehnt. Zwar sollte die GEKE für die Mitgliedskirchen sprechen, um dem Protestantismus eine gesamteuropäische Stimme zu verleihen, doch sollten zugleich Entscheidungen der Kirchengemeinschaft keine unmittelbare Verbindlichkeit für die Mitgliedskirchen haben, sondern jeweils von deren Ratifizierung abhängen. Bei der 6. Vollversammlung 2006 in Budapest unter dem Motto »Gemeinschaft gestalten – Evangelisches Profil in Europa« konnte sich die Gemeinschaft erstmals ein Statut geben, in welchem sie wesentliche Elemente der gemeinsamen Strukturen und des Umgangs festhielt. Dies bot Klarheit und Sicherheit für die Vorbereitung und Durchführung der 7. Vollversammlung 2012 in Florenz, die sich nicht nur den ekklesiologischen Kernarbeitsbereichen der GEKE zuwandte, sondern in Vorbereitung auf das Reformationsjubiläum 2017 auch laufende Kirchenreformprozesse und die Herausforderungen der Kirchen durch Säkularisierung und religiöse Pluralität in den Blick nahm.

2. Die 8. Vollversammlung der GEKE

Auf Einladung des Schweizerischen Evangelischen Kirchenbundes (SEK) und der Evangelisch-reformierten Kirche Basel-Stadt traf sich die 8. Vollversammlung der GEKE vom 13. bis 18. September 2018 in Basel unter dem Motto »Befreit – Verbunden – Engagiert«.

Es waren warme spätsommerliche Tage, an denen 96 Delegierte und 115 Gäste und Mitarbeitende an den fünf Tagen der Vollversammlung im Münster zu Basel und im angrenzenden Bischofshof tagten. Die Atmosphäre war geprägt vom Ort der Tagung: Die Stadt Basel, im Dreiländereck gelegen zwischen der Schweiz, Frankreich und Deutschland mit einer langen und traditionsreichen Geschichte und einer vielfältigen und multikulturellen Gegenwart, strahlte auf die Arbeit der Vollversammlung aus. Erstmals wurde in einer Kathedrale getagt. Gottesdienstliches Feiern und intensive theologische Debatten fanden unter einem Dach statt. Das Münster selbst und die Räume im Bischofshof befinden sich auf einer Anhöhe, von der aus man den länderverbindenden Rhein und die angrenzenden Regionen in jeder Pause gut überblicken konnte. Der Ort sorgte für Weite, für horizontübergreifendes Denken und Feiern und trug einen großen Teil dazu bei, dass während der fünf Tage des Zusammenseins das Kennzeichen der GEKE, die Einheit in versöhnter Vielfalt, immer wieder sichtbar und erfahrbar wurde.

Erstmals wurde in einer Kathedrale getagt. Gottesdienstliches Feiern und intensive theologische Debatten fanden unter einem Dach statt.

Zu einem Markenzeichen der 8. Vollversammlung wurde ihr Logo: eine stilisierte Pusteblume mit einzelnen wegfliegenden Samen. Die GEKE hat den Anspruch, mit ihrer Vollversammlung in die Welt hineinzuwirken. Wie der Samen der Pusteblume durch den Wind weggetragen wird, so sollen die Impulse der Vollversammlung in die Mitgliedskirchen und in die europäischen Gesellschaften hineingetragen werden. Und gleichzeitig erinnert das Logo an eine Rosette, die das Basler Münster als Gottesdienst- und Tagungsort im Blick behält.

Das Basler Münster bot die Möglichkeit, gottesdienstliches Leben und Arbeitssitzungen unter einem Kirchendach abzuhalten. Das Kirchenschiff war in Konzilsbestuhlung mit Tischen eingerichtet. Die Morgen- und Abendgebete wurden im Hochchor des Münsters gefeiert. So kam zum Ausdruck, dass Kirchengemeinschaft sowohl Gemeinschaft des theologischen Nachdenkens als auch Gottesdienstgemeinschaft ist. In den Gottesdiensten und Andachten wurden jeweils Texte aus der Apostelgeschichte ausgelegt. Sie beschreiben die Anfänge der christlichen Gemeinde und die Ausbreitung des Evangeliums in die Welt. Die Auslegung der Apostelgeschichte diente den Kirchen auch dazu, ihre eigene Rolle in einem politisch weitgehend geeinten und religiös pluralen Europa zu reflektieren – eine Situation, die einen Vergleich mit dem römischen Kaiserreich zur Zeit der Apostelgeschichte nahelegte. Sich diesen Bibeltexten während der Vollversammlung zuzuwenden, hatte seinen Grund auch darin, dass der Ursprung dieser Texte in einer Region liegt, in der seit Jahren Krieg herrscht. Christen und Christinnen erleben dort täglich Gefahr und Bedrohungen. Die Verbundenheit untereinander und mit den verfolgten Brüdern und Schwestern sollte ein wichtiges Element des gemeinsamen Betens und Feierns sein. Für die Fellowship of Middle East Evangelical Churches (FMEEC), die Kirchengemeinschaft der evangelischen Kirchen im Nahen Osten, nahm deren Generalsekretärin Rosangela Jarjour an der Vollversammlung teil. Die Vollversammlung ihrerseits verabschiedete eine Erklärung zur Situation der Christen in Syrien und im Irak, in welcher die GEKE-Mitgliedskirchen aufgerufen werden, ihre Partnerschafts- und Hilfsprogramme in der Region weiter zu stärken, um den Opfern des Krieges zu helfen und dazu beizutragen, dass das christliche Zeugnis in der Region wahr- und ernstgenommen werden kann.

Highlights der Vollversammlung waren sicherlich a) der Schweizertag, mit einem festlichen Gottesdienst im Münster, in dem durch den GEKE-Präsidenten Gottfried Locher und Kurt Kardinal Koch, den Präsidenten des Päpstlichen Rates zur För-

Foto: Roger Mielke

derung der Einheit der Christen, eine Absichtserklärung zur Aufnahme eines formalen Dialogs unterzeichnet wurde, b) eine anregende Zeitansage von Prof. Andrea Riccardi, dem Gründer der Gemeinschaft Sant'Egidio in Rom, in welcher er über die Angst als Krankheit Europas und ihre Überwindung durch die Hoffnung der Christen sprach, c) die musikalische gottesdienstliche Begleitung durch den Liturgiebeauftragten der GEKE Prof. Jochen Arnold, Hildesheim, und Vollversammlungsstewards und d) der Abschlussabend mit einer Schifffahrt auf dem Rhein und der Verabschiedung des scheidenden Generalsekretärs Bischof Michael Bünker, Wien.

Das Basler Münster hatte schon andere internationale kirchliche Großveranstaltungen beherbergt, so das Konzil im 15. Jahrhundert und die Erste Europäische Ökumenische Versammlung 1989. Doch damals brachten die Teilnehmenden keine Laptops mit, brauchten kein Internet und mussten keine Auflagen in Bezug auf Barrierefreiheit und Sicherheitsstandards einhalten. Die Planungen der Vollversammlung an diesem historischen Ort hatten folglich einen langen Vorlauf und waren von einem hohen technischen Aufwand geprägt. Am Ende stand eine gelungene Versammlung bei WLAN und Kerzenschein.

3. Studienergebnisse der 8. Vollversammlung

Der Auftrag der Vollversammlung ist stets, die Arbeitsergebnisse der vergangenen Periode entgegenzunehmen und zu bewerten und Impulse für neue theologische Prozesse zu setzen. Dabei bringt man die Lehrgespräche jeweils mit der Vollversammlung in Zusammenhang, die das Lehrgesprächsergebnis angenommen hat. So war bei der 4. Vollversammlung in Wien 1994 die Annahme der Studie »Die Kirche Jesu Christi«, der ersten gemeinsamen evangelischen Ekklesiologie, sicherlich ein Meilenstein. Ebenso 2001 bei der 5. Vollversammlung in Belfast die Annahme der Studie »Kirche und Israel« oder 2012 bei der 7. Vollversammlung in Florenz die Verabschiedung der Studie »Amt – Ordination – Episkopé«.

Die 8. Vollversammlung der GEKE nahm verschiedene Arbeitsergebnisse der vergangenen sechs Jahre entgegen. Dabei waren zwei Themenfelder von Bedeutung für die kommenden Jahre: Zum einen konnte die GEKE ihr Verständnis von **Kirchengemeinschaft** und dessen Auswirkungen auf das Miteinander der Kirchen präziser klären. Dies geschah einerseits in einem **Lehrgespräch** und andererseits durch die Änderung des Statuts. Kirchengemeinschaft zeigt sich demnach im gemeinsamen Gottesdienst-Feiern (Gottesdienstgemeinschaft), im gemeinsamen theologischen Nachdenken (Lehrgemeinschaft), im gemeinsamen Handeln (Gemeinschaft in Zeugnis und Dienst) und im gemeinsamen Kirche-Sein (Gemeinschaft wachsender Gestaltwerdung).[1] Die Mitgliedskirchen wünschen sich eine weiter wachsende Verbindlichkeit in der Kirchengemeinschaft der GEKE. Im geänderten Statut fand dies einen ersten Ausdruck.[2] Zum anderen nahm die Vollversammlung zwei Studienergebnisse entgegen, die **wichtige theologische Impulse** für die Mitgliedskirchen enthalten. Mit dem **Studientext »Protestantische Perspektiven zur religiösen Pluralität in Europa«** konnte ein Dokument zum Verhältnis der Religionen vorgelegt werden, das – ausgehend von einer Theologie der Rechtfertigung – bei der radikalen Gnade Gottes ansetzt.[3] Wenn Gottes Gnade radikal ist, also bei der Wurzel ansetzt, dann gilt sie allen Menschen ausnahmslos, auch denen, die einer

Wenn Gottes Gnade radikal ist, also bei der Wurzel ansetzt, dann gilt sie allen Menschen ausnahmslos, auch denen, die einer anderen Religion angehören.

---

[1] Vgl. Mario Fischer / Martin Friedrich (Hrsg.): Kirchengemeinschaft. Grundlagen und Perspektiven (Leuenberger Texte 16), Leipzig 2019.

[2] Abgedruckt in: Mario Fischer / Kathrin Nothacker (Hrsg.): befreit – verbunden – engagiert. Evangelische Kirchen in Europa. Dokumentationsband der 8. Vollversammlung der Gemeinschaft Evangelischer Kirchen in Europa (GEKE) vom 13.–18. September 2018 in Basel, Schweiz, Leipzig 2019, 57–62.

[3] Vgl. Mario Fischer / Martin Friedrich (Hrsg.): Protestantische Perspektiven zur religiösen Pluralität in Europa. Eine Studie der Gemeinschaft Evangelischer Kirchen in Europa, Wien 2019.

anderen Religion angehören. Damit ist ein genuin evangelischer Ansatz für die Frage des Umgangs mit der religiösen Pluralität gewonnen. Vor allem Kirchen in Westeuropa haben schon viele Erfahrungen im Zusammenleben mit anderen Religionen gewinnen können und entsprechende Leitlinien, Orientierungshilfen und Stellungnahmen zum Zusammenleben mit anderen Religionen herausgegeben. Nun konnten diese ausgewertet werden und für die evangelischen Kirchen in Europa fruchtbar gemacht werden, so dass klar wird, dass die Fragestellung aus der Mitte der evangelischen Theologie entwickelt wurde. Auch Kirchen, in deren Alltag Menschen anderen Glaubens kaum vorkommen, können so eine grundsätzliche Auseinandersetzung mit dem Thema der religiösen Pluralität auf theologischer Grundlage führen. Hier wurde auf europäischer Ebene ein Thema so durchdacht, dass die Mitgliedskirchen eine Basis haben, auf der sie jeweils in ihren Kontexten das Thema diskutieren können.

Das zweite Studienergebnis, das einen wichtigen theologischen Impuls für die Mitgliedskirchen darstellt, lautete »**Theologie der Diaspora. Studiendokument der GEKE zur Standortbestimmung der evangelischen Kirchen im pluralen Europa**«.[4] Und auch in diesem Fall wurde ein Thema bearbeitet, welches für viele Mitgliedskirchen der GEKE den normalen Alltag beschreibt, wohingegen in anderen Kirchen eine Auseinandersetzung mit diesem Thema bislang nicht stattgefunden hat, so dass Ängste vorhanden sind.

Beim Studienprozess zur Theologie der Diaspora waren ausdrücklich Vertreterinnen und Vertreter aus evangelischen Minderheitenkirchen beteiligt. Sie konnten aufweisen, dass Diaspora und Volkskirche keine einander widersprechenden Kirchenmodelle sind, dass sich auch Minderheitenkirchen in die Belange der Gesellschaft einbringen und sich als Kirche für das Volk verstehen, während andererseits auch in Volkskirchen die Gläubigen mit der Diasporaexistenz vertraut sind. Der Studientext stellt als Chancen einer Theologie der Diaspora für die Kirchen zum einen ein besonders ausgeprägtes Beziehungsgefüge der Kirchen vor, zum anderen die Entwicklung einer Öffentlichen Theologie. Minderheitskirchen sind sich nie selbst genug. Sie sind auf die Gemeinschaft und den Austausch mit anderen Kirchen angewiesen und pflegen daher ihre internationalen Kontakte. Darüber hinaus benötigen sie immer auch zivilgesellschaftliche und ökumenische

---

[4] Vgl. Mario Fischer / Miriam Rose (Hrsg.): Theologie der Diaspora. Studiendokument der GEKE zur Standortbestimmung der evangelischen Kirchen im pluralen Europa, Wien 2019.

Da sie nicht über Privilegien und Einfluss verfügen, müssen Minderheitskirchen mit Argumenten überzeugen, wenn sie ihre Stimme erheben.

Partner, um sich in ihre Gesellschaft einzubringen. Da sie nicht über Privilegien und Einfluss verfügen, müssen Minderheitskirchen mit Argumenten überzeugen, wenn sie ihre Stimme erheben. So beteiligen sie sich an öffentlichen Meinungsbildungsprozessen, lassen die Stimme des Evangeliums ertönen und nehmen sich im Rahmen ihrer Möglichkeiten der Nöte der Menschen in der Gesellschaft an. So verstandene Öffentliche Theologie ist für Diasporakirchen wichtig, um als Same in der Gesellschaft zu wirken. Die Einsichten der »Theologie der Diaspora« sind nicht auf Minderheitskirchen beschränkt. Sie gelten in gleicher Weise auch für Kirchen, die sich (noch) in einer Mehrheitssituation befinden. So ist die Diaspora-Ekklesiologie auch für die sogenannten Volkskirchen von Bedeutung und hilft ihnen zu bedenken, wie die »Berufung und Verheißung ihres Eingestreutseins in die Menschenwelt«[5] in ihrem Kirche-Sein zum Ausdruck kommt.

4. Folgen aus der Änderung des Statuts

Eher unbeachtet vollzog sich die Änderung des Statuts der GEKE, welches 2006 von der Vollversammlung in Budapest verabschiedet wurde und sehr knapp gehalten war. Es schuf damals Klarheit für die Aufgaben und Zuständigkeiten innerhalb der Kirchengemeinschaft, wenn auch viele Fragen ungeklärt blieben und sich erst in der Praxis stellten. In der Rechtsvertretung nach außen zeigte sich, dass die Beschreibung der **Rechtsstellung der GEKE** mit den Worten »Die Gemeinschaft Evangelischer Kirchen in Europa ist eine Körperschaft des Kirchenrechtes.« (Statut § 2.I) keine ausreichende Klarheit schuf. Auch wenn das Statut dies zuließ, war die GEKE nicht als juristische Person organisiert und daher auch nicht rechtsfähig. Das heißt, dass die GEKE formal keine Verträge abschließen, keine Konten eröffnen und kein Personal anstellen konnte. In all diesen Fragen wurde sie formal von der Evangelischen Kirche A.B. in Österreich vertreten. Für den Rat stellte sich daher die Aufgabe, für die Zukunft der GEKE eine Rechtsform zu wählen, in welcher sie voll rechtsfähig ist. Dies wäre z.B. durch die Gründung eines Vereins nach nationalem oder internationalem Recht möglich gewesen. Mit dem Beschluss des Rates aus dem Jahre 2017, die Geschäftsstelle der GEKE dauerhaft in Wien anzusiedeln, waren jedoch die Bedingungen erfüllt, in der Republik Österreich die Stellung einer Körperschaft des öffentlichen Rechts (KöR) zu erwerben. Die Änderung des Statuts nimmt auf

---

[5] Wilhelm Dantine: Stadt auf dem Berge?, in: Protestantisches Abenteuer. Beiträge und Standortbestimmung in der evangelischen Kirche in der Diaspora Europas, hrsg. v. Michael Bünker, Innsbruck 2001, 48.

diese geänderte Rechtsstellung Bezug, die mit Jahreswechsel 2018/2019 durch das Kultusamt (Bundeskanzleramt) der Republik Österreich vollzogen wurde. Damit ist die GEKE juristisch voll handlungsfähig, kann eigenständig Verträge schließen und z. B. Personal anstellen. Sie ist dabei nicht mehr auf die Amtshilfe einzelner Mitgliedskirchen angewiesen.

Das geänderte Statut der GEKE zieht verschiedene Konsequenzen daraus, dass das Lehrgespräch »Kirchengemeinschaft« eine stärkere **Verbindlichkeit innerhalb der Kirchengemeinschaft** einforderte und sieht nun sowohl den Austritt einzelner Kirchen als auch deren Ausschluss aus der GEKE vor. Für die Aufnahme in die GEKE bestanden bereits klare Leitlinien. »Kirchengemeinschaft ist zu erklären und kann nicht verweigert werden, sofern ein gemeinsames Verständnis des Evangeliums einschließlich der Übereinstimmung über die stiftungsgemäße Verwaltung der Sakramente festgestellt ist und die evtl. vorhandenen Lehrverurteilungen als nicht mehr den gegenwärtigen Stand der anderen Beteiligten treffend erkannt worden sind.«[6] Der Beitritt zur GEKE erfolgt in einem geordneten Verfahren, in dessen Verlauf zu klären ist, ob die beitrittswillige Kirche im Widerspruch zu Lehrgesprächsergebnissen steht, welche die Vollversammlung sich zu eigen gemacht hat. Doch was ist, wenn eine Mitgliedskirche sich im Widerspruch zu diesen gemeinsamen Einsichten sieht und nicht mehr das gemeinsame Verständnis des Evangeliums teilt? Dann bestehen die einmal festgestellten Voraussetzungen für Kirchengemeinschaft nicht mehr. In einem solchen Fall kann eine Mitgliedskirche ihren Austritt aus der GEKE und damit aus der Kanzel- und Abendmahlsgemeinschaft erklären. Umgekehrt kann auch die Vollversammlung der GEKE feststellen, dass die theologischen Voraussetzungen für die Erklärung von Kirchengemeinschaft nicht mehr gegeben sind und damit eine Mitgliedskirche ausschließen.

Verschiedene **strategische strukturelle Änderungen** innerhalb der GEKE zeichnen sich zum Teil auch im Statut ab: Im Wesentlichen sind dies die Entscheidungen des Rats für die dauerhafte Ansiedlung der Geschäftsstelle der GEKE in Wien, die bis dahin jeweils dorthin umzog, wo der ehrenamtliche Generalsekretär seinen Dienstsitz hatte. Mit der Entscheidung für eine permanente Geschäftsstelle fiel auch die Entscheidung für die An-

---

[6] Leitlinien zur Begründung der Mitgliedschaft in der GEKE, abgedruckt in: Michael Bünker / Bernd Jaeger (Hrsg.): Frei für die Zukunft. Evangelische Kirchen in Europa (Texte der 7. Vollversammlung der Gemeinschaft Evangelischer Kirchen in Europa GEKE in Florenz, Italien, 20.–26. September 2012), Leipzig 2013, 197.

stellung eines hauptamtlichen Generalsekretärs. Darüber hinaus wurden mit der Änderung des Statuts die Regionalgruppen der GEKE gestärkt, die ein wichtiges Werkzeug der Verwirklichung von Kirchengemeinschaft vor Ort sind. Die Regionalgruppen arbeiten nun enger zusammen und die Regionalgruppenleitungen treffen sich regelmäßig zu Absprachen. Zusätzlich beraten vier Fachbeiräte (Ökumene, Ethik, Migration und Kirchengemeinschaft und Bildung) den Rat in seiner Entscheidungsfindung. Auch der Rat selbst wurde enger in die Arbeitsprozesse der GEKE eingebunden. In allen Arbeitsprozessen arbeitet jeweils ein Ratsmitglied mit. Die sozialethische Arbeit der GEKE wird in Zukunft nicht mehr von einem Stabsmitglied in Brüssel, sondern in Wien koordiniert.

5. Weichenstellungen für neue inhaltliche Prozesse

Doch welche Aufgaben stehen nun in den kommenden Jahren an? Welchen Beitrag leistet die GEKE für die evangelischen Kirchen in Europa?

Um der Vollversammlung bei ihren Zukunftsentscheidungen ein Geländer an die Hand zu geben, erstellte der Rat unter dem Titel »Gemeinsam Kirche sein. Ziele 2018–2024« ein Strategiepapier. Drei Zielen werden darin verschiedene Maßnahmen zugeordnet.

Ziel 1 lautet »**Die evangelischen Kirchen vertiefen ihre Kirchengemeinschaft**«. Die darin beschlossenen Maßnahmen führen in vielen Fällen bewährte Prozesse und Formate, wie Gottesdienstkonsultationen, Regionalgruppen oder die Begegnung von Synodalen aus Mitgliedskirchen fort. Zusätzlich werden junge Menschen stärker an den Arbeitsprozessen beteiligt, europaweite pastorale Fortbildungsangebote geschaffen und kleinere Veranstaltungsformate zum Austausch über konkrete Herausforderungen, wie den Beitrag der Kirchen im ländlichen Raum oder die Unterstützung von Frauen in kirchlicher Leitung geschaffen.

Ziel 2 »**Die evangelischen Kirchen fördern die Einheit der Kirchen**« dienen Maßnahmen des ökumenischen Dialogs und innerevangelische Verständigungsprozesse zu theologischen Fragen. Darunter zählt z.B. das neu initiierte Lehrgespräch »Christliche Rede von Gott«, welches untersucht, wie im gottesdienstlichen Reden, in kirchlichen Stellungnahmen, im theologischen Diskurs, in der Seelsorge oder im religiösen Unterricht (unterschiedlich) von Gott gesprochen wird. Wie ändert sich dabei die klassische Gotteslehre im durch Säkularisierung, religiöse Indifferenz und religiöse Pluralität geprägten Umfeld?

Die ökumenischen Beziehungen konzentrieren sich in den kommenden Jahren auf den Dialog mit der römisch-katholischen Kirche, eine Intensivierung der Beziehungen zu den anglikanischen Kirchen in Europa, die Fortsetzung der guten Arbeitsbeziehungen zur European Baptist Federation und den engen Austausch mit der Fellowship of Middle East Evangelical Churches (FMEEC). Die GEKE strebt Kirchengemeinschaft mit weiteren evangelischen Kirchen an, insbesondere in Nordeuropa, und mit solchen, die aus der Migration nach Europa entstanden sind. Dem offiziellen Dialog mit der römisch-katholischen Kirche wird unter diesen Maßnahmen eine besondere Rolle zukommen. Sollte es gelingen, in Bezug auf das Verständnis von Kirche und Kirchengemeinschaft zu Formulierungen zu gelangen, die beide Seiten ohne Einschränkungen unterschreiben können, so wäre ein wichtiger Schritt in den Verständigungsbemühungen um kirchliche Einheit getan.

Ziel 3 erklärt: »**Die evangelischen Kirchen dienen der Gesellschaft**«. Die GEKE unterstützt ihre Mitgliedskirchen in der öffentlichen Positionierung zu gesellschaftlichen Entwicklungen. Sie erarbeitet Stellungnahmen und Orientierungshilfen zu sozialethischen und europapolitischen Fragen, die sich an ein breites Publikum richten. Eine Orientierungshilfe wird derzeit zum Thema »Sexualität und Gender« erarbeitet – ein Thema, das derzeit leider das Potential hat, Kirchen und Gesellschaften zu spalten. In ihren Regionen fördert die GEKE den Beitrag der Kirchen für den Zusammenhalt in Europa. Dabei befassen sich die Regionalgruppen in dieser Arbeitsperiode mit dem Thema »Demokratie als Herausforderung von Kirchen und Gesellschaften«. Zwar betonte schon die Leuenberger Konkordie von 1973, dass sich Kirchengemeinschaft auch im gemeinsamen Dienst an der Gesellschaft verwirklicht, doch blieb die GEKE weiterhin eine eher kopflastige Vereinigung. Die 8. Vollversammlung entschied, mit dem Gustav-Adolf-Werk, Leipzig, zu kooperieren, um den Dienstcharakter der Kirchengemeinschaft zu stärken. Durch Mittel aus der Otto-per-Mille-Kultursteuer der italienischen Waldenser- und Methodistenkirche ist es der GEKE möglich, durch Begleitung und Unterstützung einzelner Hilfsprojekte in vorwiegend süd- und osteuropäischen Mitgliedskirchen den Zeugnis- und Dienstcharakter der Kirchengemeinschaft exemplarisch zum Ausdruck zu bringen. In den kommenden drei Jahren bilden Projekte für sogenannte Eurowaisen einen Schwerpunkt der Förderung. Um zugleich die Kirchengemeinschaft zu vertiefen, werden sich die einzelnen kirchlichen Projekte innerhalb des Schwerpunktthemas vernetzen und Vertreterinnen und Vertreter zu einem Erfahrungsaustausch entsenden.

6. Versuch eines Resümees

Ein Jahr nach Abschluss ist es sicher noch zu früh, eine Bilanz zu ziehen, was an theologischen Impulsen von dieser Vollversammlung bleibt. Wichtig, festzuhalten, ist jedoch sicher dies: Die sich rasch verändernden Realitäten innerhalb Europas verändern auch die Kirchen. Sie fordern sie heraus, sich wieder verstärkt mit ihrem Auftrag für die Welt zu beschäftigen. Dazu müssen sie klug wahrnehmen, wie religiöse Pluralität und Säkularisierung auf ihr Selbstverständnis und ihren Auftrag wirken. Die Studiendokumente »Theologie der Diaspora« und »Pluralität der Religionen« bieten dazu wichtige Erkenntnisse und Impulse. Andererseits handeln und denken die evangelischen Kirchen in Europa dabei nicht isoliert, sondern stehen schon in Gemeinschaft mit anderen Kirchen, die sich ähnlichen Herausforderungen stellen müssen. Die Kirchengemeinschaft sollte daher in den Überlegungen und Entscheidungen der einzelnen Mitgliedskirchen eine Rolle spielen, wie es das Lehrgespräch »Kirchengemeinschaft« herausstellt.

Die Vollversammlung hat eine Vielzahl von Arbeitsaufträgen verabschiedet, die der Rat gesichtet und priorisiert hat. Ein Jahr nach Abschluss der Vollversammlung wurden zu fast allen Arbeitsprozessen die Startgruppen berufen und diese haben jeweils ihren Arbeitsplan erstellt. Die Ergebnisse werden zur 9. Vollversammlung im Jahre 2024 vorliegen.

Bei all den laufenden Arbeitsprozessen ist es wichtig, nicht aus dem Auge zu verlieren, dass diese nur ein Instrument sind. Die Kirchengemeinschaft verwirklicht sich vorrangig im Leben der Kirchen und Gemeinden. In Zeiten, in denen das Zukunftsprojekt Europa durch den Brexit und den in vielerlei Gestalt auftretenden Populismus in Gefahr ist, ist es wichtig, dass die Kirchen zusammen stehen und ihre Gemeinschaft stärken. In diesem Sinne wird auch das anstehende fünfzigjährige Jubiläum der Leuenberger Konkordie sich nicht mit einer kirchenhistorischen Feierstunde begnügen, sondern den Blick voraus auf die anstehenden Herausforderungen der evangelischen Kirchen in Europa richten.

Dr. Mario Fischer, geb. 1976, ist Generalsekretär der Gemeinschaft Evangelischer Kirchen in Europa. Er ist Pfarrer der Evangelischen Kirche in Hessen und Nassau.

Bücher

Arnulf Conradi: *Zen und die Kunst des Vogelbeobachtens.* München: Verlag Antje Kunstmann, 2019, 240 Seiten, 20 Euro, ISBN: 978-3-95614-289-5.

Es gibt Bücher, die lehrreich sind. Es gibt Bücher, die unterhalten. Und es gibt Bücher, die glücklich machen. *Zen und die Kunst der Vogelbeobachtung* schafft es tatsächlich, diese drei Möglichkeiten zwischen zwei Buchdeckeln zu vereinen. Arnulf Conradi (geb. 1944), der Mitgründer und langjährige Leiter des Berlin-Verlages, ist seit seiner Kindheit ein leidenschaftlicher Vogelbeobachter. Man kann ihn einen Hobbyornithologen oder, englisch, einen birdwatcher, nennen, dagegen hätte er wohl nichts einzuwenden. Hier versucht er nun, hinter seiner Passion eine spirituelle Grundhaltung aufzuspüren. Warum unternehmen manche Menschen weite Reisen, schleppen sich mit unhandlichen Ferngläsern oder Spektiven ab, stehen zu unmöglichen Zeiten in den frühen Nachtstunden auf – und dies nur, um Vögeln zu lauschen oder einen manchmal nur sehr flüchtigen Blick auf sie zu erhaschen? Weil ihr  Anblick ans Herz rührt, so Conradi, weil die Vögel, ihr Flug, ihr Gesang, ihr Bild uns in ein eigentümliches Gefühl der Zeitlosigkeit versetzen. Sicherlich, man kann die Avifauna, ganz nüchtern und wissenschaftlich, erforschen. Man kann das übliche Raster aus Zahlen über ihre Erscheinung legen, sie zählen, wiegen und vermessen. Die Ergebnisse sind wichtig, sie können zum Schlüssel für ökologische Überlegungen werden. Die Gefährdung der Vogelwelt sagt viel aus über die Gefährdung unseres Planeten und damit unserer Menschenwelt. Aber nicht darum geht es Conradi. Wir erfahren zwar wenig über die Biologie der Vögel, wir erfahren aber viel über die Geschichte seiner Liebe zu ihnen und noch mehr über seine Beobachtungen auf Reisen und auf seinen Spaziergängen. Am wichtigsten bei diesem Buch ist jedoch, dass es uns einen Weg zu einem spirituellen Blick auf die Vögel weist – und damit einen Weg zur spirituellen Selbstwahrnehmung. Das gelingt Conradi ganz unaufdringlich und ohne die mitunter komischen Volten der Physikotheologie der Aufklärungszeit, in der die Theologen ihrem Publikum von der Nützlichkeit der Tierwelt vorschwärmten oder nur davon zu berichten wussten, dass die Tiere uns auf ihren und unseren Schöpfer verweisen. Für Conradi geht es um die Begegnung mit den Vögeln: Ganz im Jetzt sind wir, wenn wir auf ihre Stimmen hören, wir können die Begegnung mit ihnen nicht erzwingen. Die Leichtigkeit ihrer Gegenwart, die Unerzwingbarkeit des Blicks auf sie kann den Betrachter seinerseits in eine leichte Gegenwart versetzen, die Zeit verliert ihre Linearität.

Dieses Verhältnis zur Zeit und zum Sein erkennt Conradi nun auch im japanischen Zen. Und es ist ja kein Zufall, dass der Titel des Buches an ein berühmtes Vorbild erinnert, nämlich an Eugen Herrigels *Zen in der Kunst des Bogenschießens* aus dem Jahre 1948. Aber im Unterschied zu den kunstvollen Übungen der Zen-Spiritualität ist das Vogelbeobachten einfach und aufwandslos. Der Leser erfährt viel über Zen, über Tuschzeichnungen oder über den Heiku-Meister Basho aus dem 17. Jahrhundert- *»einzigartig verschwiegen war die ganze Landschaft um uns«*, zitiert Conradi ihn aus einem Reisebericht, *»ich hatte das untrügliche Gefühl, dass sie allein nur für uns da war, um unser Herz zu läutern.«* Das gilt in gleicher Weise für den Anblick der Vögel. Keine Belehrung vermag so ans Herz zu rühren, nur die absichtslose Präsenz kann uns wandeln – weil sie nichts von uns will und keine Botschaft vermitteln möchte. Der Vogel ist *»einfach da«*, man *»muss noch nicht mal wissen, wie der Vogel heißt – er weiß es ja auch nicht.«* Die Kunst der Vogelbeobachtung kann zu einer Einübung in die Gelassenheit zur Hinnahme des Zufälligen werden, zur Annahme des eigenen Daseins. Das ist gewiss eine eminent geistliche Grundhaltung, die wir auch der christlichen Frömmigkeit entnehmen könnten. Aber dort sind noch manche aufgeklärten Eierschalen abzuwerfen, bevor wir sehen, dass wir im Da sein dürfen, ohne gleich nach einem Wozu beurteilt zu werden und auch die Landschaft um uns nach einem Wozu abzusuchen. Die Zwecklosigkeit des birdwatching, die Freude an der unerschöpflichen Schönheit der Vögel – sie zielen nicht auf ein *weil*, sie lehren die Freiheit, gerade weil sie nichts lehren. Ich darf sein. Und ich brauche nichts anderes.

Frank Lilie

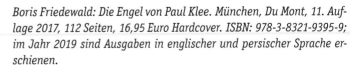

Boris Friedewald: Die Engel von Paul Klee. München, Du Mont, 11. Auflage 2017, 112 Seiten, 16,95 Euro Hardcover. ISBN: 978-3-8321-9395-9; im Jahr 2019 sind Ausgaben in englischer und persischer Sprache erschienen.

Um es gleich zu sagen: das Büchlein hat nicht den Anspruch zum wissenschaftlichen Diskurs um Person und Werk von Paul Klee

(1879–1940) beizutragen. Vielmehr ist es ein Leitfaden der Betrachtung für ausgewählte Engelbilder aus dem Werk von Paul Klee. Da Klee durch sein ganzes künstlerisches Schaffen hindurch immer wieder Engel als Bildmotiv wählte, lag es für den Autor nahe, auch den biographischen Faden zu spinnen. So erfährt der Leser etwas zu der Entstehung der Engelbilder im biographischen Kontext. Einen weiteren Zugang zu Klees Engelwesen schafft Boris Friedewald durch Hinzufügungen von Gedichten des Künstlers jeweils zu Beginn der 16 Kapitel. So z. B.:

> Eine Art von Stille leuchtet zum Grund. Von Ungefähr
> scheint da ein Etwas, nicht von hier,
> nicht von mir, sondern Gottes.
>
> Gottes! Wenn auch nur Widerhall,
> nur Gottes Spiegel, so doch Gottes Nähe.
> Tropfen von Tief, Licht an sich.
> Wer je schlief und der Atem stand: der ...
> Das Ende heim zum Anfang fand.

(Paul Klee, 1914)

Friedewald kommentiert die Gedichte nicht, wohl wissend um deren Kraft, die – wie die bildnerischen Mittel auch – psychische Wirkungen im Betrachter auslösen, die wiederum innere Bilder freisetzen und Assoziationen hervorrufen. Diese kommen – ganz im Sinne der Moderne – nicht zu einem Ziel oder Ergebnis. Je nach lebensweltlicher, geistiger und geistlicher Prägung des Betrachters können die Engeldarstellungen auf verschiedenen Ebenen, künstlerisch, ästhetisch, religiös-mystisch ihre Wirkung entfalten. Grundlage hierzu ist ein Nachvollziehen der Linienführung durch den Betrachter. Klee selbst beschreibt diesen Anteil des Betrachters in seinen »schöpferischen Konfessionen«: *»Entwickeln wir, machen wir unter Anlegung eines topographischen Planes eine kleine Reise ins Land der besseren Erkenntnis. Über den toten Punkt hinweggesetzt sei die erste bewegliche Tat (Linie). Nach kurzer Zeit Halt, Atem zu holen. (Unterbrochene oder bei mehrmaligem Halt gegliederte Linie.) Rückblick, wie weit wir schon sind (Gegenbewegung). Im Geiste den Weg dahin und dorthin erwägen (Linienbündel). Ein Fluß will hindern, wir bedienen uns eines Bootes (Wellenbewegung). Weiter oben wäre eine Brücke gewesen (Bogenreihe) ...«* [1]

---

[1]   Roland Doschka, Der Lyriker im Paradiesgärtlein und der Dramatiker in Arkadien. Gedanken zum schöpferischen Prozess im Werk von Paul Klee und Pablo Picasso, S. 18, in: Roland Doschka (Hrsg.), Paul Klee. Jahre der Meisterschaft 1917–1933, München 2001 (Prestel).

Welche Bedeutung Klee Engeln in einem religiös-mystischen und im engeren christlichen Sinne zumaß, ist seit Beginn der Rezeptionsgeschichte offen und bleibt umstritten, auch da Klee selbst diese Frage offen ließ. Im Vorwort von Friedewalds Büchlein äußert sich der Enkel des Künstlers, Alexander Klee, zu dieser Frage. Er schreibt: «*Ich denke, die Engel in den Bildern Klees sind doch oft Abbild eines inneren Engels des Künstlers, der das Engelbild der Geschichte verwandelt und verwendet hat als eine Art Katalysator, der Tiefgehendes, Emotionales und Hintergründiges zu Bildsprache werden lässt. Zur Sprache des Künstlers, der sich nicht unbedingt festlegt, sondern Unsagbares in der Schwebe hält.*»

Jedenfalls eignet sich das Thema »Engel« hervorragend für Klee, denn Engel können in vielerlei Gestalt auftreten. Und so entstehen sie aus dem Zusammenklang von steigenden und fallenden Linien, von Spitze und Kreis, von Dynamik und Ruhe immer wieder neu. Dabei ist die bildnerische Ebene für Klee nicht zu trennen von einer Schau in die geistige Wirklichkeit. Boris Friedewald bietet dem Betrachter 48 Engeldarstellungen. Sein Büchlein kann zu einem Begleiter von Bildmeditation und Nachsinnen werden ...

Jean Paul Sartre nannte Klee selbst einen »Engel«, der die Wunder dieser Welt neu erschaffe.[2] Diese Zueignung erschließt einen von der konkreten Biographie unabhängigen Zugang zum künstlerischen Werk. Nicht als Spiegel oder Anfrage auf konkrete Ereignisse wären dann die Engeldarstellungen zu interpretieren, sondern als ein von der konkreten Biographie unabhängiges »dennoch«, als ein gewisser künstlerischer »Eskapismus« und als Trost auf schwere Widerfahrnisse. So wie ein Musiker in die Welt der Klänge eintauchen kann und aus ihnen die Schönheit und die Lebendigkeit der Welt und der Schöpfung heraus filtert – Klee stand nach dem Abitur vor der Entscheidung, seinen beruflichen Weg als Musiker (Geige) oder als Maler weiter zu verfolgen – so schafft Klee seine »Inventionen« aus den Möglichkeiten des bildnerischen Gestaltens. War das künstlerische Schaffen für Klee womöglich Trost von der aktuellen Tagesgeschichte und ein komplementärer Entwurf zu ihr? Jedenfalls interpretiert der Künstler seine Bildideen im Sinne einer Schöpfung, die durch die Realität hindurch leuchtet und er ist davon überzeugt, dass er Kunde geben kann von einer eigentlich unsichtbaren Wirklichkeit, die er in (künstlerischen) Entsprechungen nach außen projiziere. Sie liege im »Dazwischen« der mit unseren Sinnen äußerlich wahrnehmbaren Welt und der geistigen Wirklichkeit. Der berühmt

---

[2]   Doschka, siehe Anm.1, S. 15.

gewordene Satz von Paul Klee »Kunst gibt nicht das Sichtbare wieder, sondern macht sichtbar« (1924) kann als Ausdruck dieser Haltung interpretiert werden.

Als Zugang zur Betrachtung der Werke darf der biographische Ansatz des Autors somit in Frage gestellt werden. Eher besteht ein enger Zusammenhang zwischen den Werken und ihrer theoretischen Formulierung. Jedoch leistet die Biographie für den interessierten Laien einen Zugang zum Künstler und seiner Zeit.

Von 1917 bis 1933 erhielt Klee große Anerkennung vom Publikum und der Kunstkritik. Eine große Retrospektive mit 326 Arbeiten zeigt der Künstler 1920 in der Galerie »Neue Kunst« von Hans Goltz. In demselben Jahr ergeht an Klee die Berufung an das im Vorjahr durch Walter Gropius gegründete Staatliche Bauhaus in Weimar.

Dramatische Einbrüche in der Biographie von Paul Klee widerfahren ihm ab 1933 bis zu seinem Tod 1940. 1933 werden in sogenannten »Schandausstellungen« Werke Klees gezeigt und diffamiert. 1935 erkrankt Klee schwer – nach seinem Tode wird Sklerodermie diagnostiziert. 1939 – ein Jahr vor seinem Tod – entstehen über 1200 Arbeiten, die meisten Engelzeichnungen entstehen in diesem Jahr.

Anette Niethammer

Armin Nassehi, Muster: Theorie der digitalen Gesellschaft, München: C.H. Beck, 2019, 352 S., 26 Euro, ISBN 978-3-406-74024-4.

Der Münchner Soziologe Armin Nassehi, übrigens gern gesehener Referent der katholischen und evangelischen Akademien in der bayrischen Kapitale (siehe z. B. https://www.youtube.com/watch?v=nkhTrQ-0lpk), beansprucht mit seinem neuen Buch »die erste Gesellschaftstheorie der digitalen Gesellschaft« vorzulegen. Große Aufmerksamkeit genießt ja gegenwärtig die Frage, wie Digitalität die Gesellschaft verändert – etwa durch Quantifizierung und Vermessung, Überwachung und Kontrolle, Manipulation und Selbstoptimierung (vgl. etwa Titel wie Shoshana Zuboff, Das Zeitalter des Überwachungskapitalismus, Frankfurt/New York: Campus, 2018, oder Steffen Mau, Das metrische Wir. Über die Quantifizierung des Sozialen, Berlin: Suhrkamp, 2017). Nassehi stellt die Frage anders: Welche Art von Gesellschaft macht eigentlich Digitalität möglich und plausibel?

Um sich einer Antwort anzunähern, erzählt Nassehi eine »Entdeckungs«-Geschichte. Er spricht von der »dritte(n) Entdeckung der Gesellschaft« durch Digitalisierung. Die »erste«

Entdeckung fand im 19. Jahrhundert statt, als die funktionale Differenzierung von Gesellschaft, also die Ausgliederung von relativ selbständigen Teilbereichen, wie Politik, Wirtschaft, Religion, Recht, Kunst, eine Komplexität hervorgebracht hatte, die nicht mehr anschaulich gegeben war, sondern nur mit statistischen Methoden erfasst werden konnte. Entgegen konservativer Kulturkritik bedeutete diese Differenzierung keinen Verlust von Ordnung. Mit der gestiegenen Anzahl von gesellschaftlichen Teilbereichen (»Subsystemen«) wuchsen auch die möglichen und tatsächlichen Kombinationen dieser einzelnen Elemente ins Unübersehbare. Um die »Muster«, also die regelhaft geordneten Beziehungen der Elemente zueinander, zu identifizieren, wurden statistische Methoden entwickelt – damit war die Gesellschaft strukturell digital geworden, ohne doch schon die technischen Möglichkeiten zur Verfügung zu haben, alle möglichen Ordnungsmuster durchzuspielen. Nassehi: »Nicht der Computer hat die Datenverarbeitung hervorgebracht, sondern die Zentralisierung von Herrschaft in Nationalstaaten, die Stadtplanung und der Betrieb von Städten, der Bedarf für die schnelle Bereitstellung von Waren für eine abstrakte Anzahl von Betrieben, Verbrauchern und Städten/Regionen.« Die »zweite« Entdeckung der Gesellschaft fand statt, als im Zuge gesellschaftlicher Modernisierung seit der zweiten Hälfte der 1960er Jahre die großen Reformprojekte völlig neue Planungs- und Steuerungsmechanismen erforderten – und in die Erfahrung mündeten, dass die große Steuerung Illusion blieb: »Die Entdeckung der Gesellschaft ist also zugleich die Entdeckung ihrer Veränderbarkeit wie die Entdeckung ihrer geradezu veränderungsresistenten Trägheit.« Jetzt also die »dritte« Entdeckung von Gesellschaft, nach Nassehi »die radikalste Entdeckung der Gesellschaft im Moment ihres Verschwindens« – in dem Moment also, in dem sich »Gesellschaft« als ein gegliedertes und beschreibbares Ganzes auflöst in einen »Pluralismus von communities«, die kaum noch miteinander verbunden sind.

Wie funktioniert das? Digitalisierung als technisches Phänomen heißt: Die Wirklichkeit wird in Datenform »verdoppelt« und macht alles aneinander anschließbar und gegeneinander verrechenbar. Diese Verdoppelung erst ermöglicht es, »Muster« zu erkennen – und dann auch zu manipulieren und zu verwerten. Diese Verdoppelung hat nichts mehr zu tun mit einer »analogen« Wirklichkeit. Ihre Faszination liegt darin, dass sie schlicht »funktioniert«, ohne dass über dieses Funktionieren – etwa politisch – ein Konsens hergestellt werden muss. Die Daten »bilden nicht einfach irgendeine Realität ab, sondern erzeugen mit ihren eigenen Mitteln eine je neue Realität, die streng an das (technische) Medium gebunden ist.« Die Menge der Daten, die in digitalen Medien anfallen, kann nur noch maschinell, durch Algorithmen, ausgewertet werden, wirkliche Routinen dafür existieren noch nicht. Nicht nur, dass in den sogenannten »sozialen Netzwerken« der Austausch von Informationen nur die Vorderseite der Datenspur ist, die jeder von uns im Netz hinterlässt – und die das eigentlich Verwertbare ist. Darüber hinaus werden digitale Techniken zu eigenständigen Akteuren, die durch selbst lernende Algorithmen (deep learning) etwa im Falle von Investitionsentscheidungen, Verkehrsplanung oder der Verteilung und Steuerung von Energie, auf die »Anwender« zurückwirken. Nassehi folgt: »Für all das, also sowohl für die sinnhaft-soziale als auch für die sinnlich-leibliche Differenz zu den technischen Maschinen künstlicher Intelligenz, Reflexionsformen und Reflexionstheorien zu finden, ist wahrscheinlich eine der wichtigsten Aufgaben für das Verständnis der Kulturbedeutung digitaler Maschinen ...«

Nassehi skizziert die Gefährdungen, die all dies für die demokratische Ordnung und ihre eingeübten Prozeduren mit sich bringt – glücklicherweise ohne in den populären apokalyptischen Sound zu verfallen. Die Debatten um die bedrohte Privatsphäre verstellen nach Nassehi nicht selten die Einsicht, dass auch die uns gewohnte bürgerliche Privatheit nur möglich war, weil in ihrem Hintergrund eine umfassende gesellschaftliche Formatierung der Individuen stand, die eben freiwillig »funktionierten«, der Zwang war schon lange nach innen gewandert. Und doch bleibt die Frage, wie politisches Leben unter den Bedingungen einer vollkommen offenen, »erhitzten«, Dauerkommunikation möglich ist: »Frei flottierende Kommunikation im Netz kennt wenig Selektionsdruck, weil die Verheißung, dass jeder prinzipiell alles sagen kann, eben auch dazu führt, dass gemeinschaftsstabilisierende Formen der Selektion außer Kraft gesetzt werden.« Es gibt keine Zentralperspektive, jeder Gegenstand kann und wird aus jeder Richtung angeleuchtet. Synchronisation der Perspektiven wird zur vordringlichen Aufgabe, um überhaupt noch in einer gemeinsamen Welt leben zu können. Waren die »heißen«, veränderungsoffenen Gesellschaften der Hochmoderne systematisch lernbereit, so gilt für digitalisierte Gesellschaften: »Überhitzte Gesellschaften lernen nicht, sondern kollabieren an ihrer eigenen Dynamik.« Kluges Perspektivenmanagement kann helfen, aber, so Nassehi: »Die Gefahrenabwehr und kluge Strategien werden die Komplexität eher steigern als verringern.«

Was trägt diese eindringende Analyse aus, so fragen wir abschließend, für ein Verständnis gegenwärtiger Religionskulturen und für die Möglichkeit geistlichen Lebens? Nassehi gibt darauf keine explizite Antwort. Die Analyse deutet aber eine Richtung an: Glaube in der digitalen Gesellschaft muss lernen, mit der Flut von Rekombinationen zu leben, auf die »Zentralperspektive« zu verzichten. Es gilt, die eigene Kontingenz und Schwachheit ernst zu nehmen und sie als Stärke zu verstehen. Der Soziologe Dirck Baecker, wie Armin Nassehi ein Schüler von Niklas Luhmann, fasst das so zusammen: »Die Figur des Zeugnisses ist zentral. Sie verweist auf Gott, den Kreuzestod Christi und den Heiligen Geist. Aber sie kann nur durch das eigene Leben erbracht werden, hier und jetzt. Da helfen kein lateinisches Gemurmel und keine fromme Innerlichkeit. Es muss gezeigt und bewiesen werden, demütig, kämpferisch und individuell.« (Dirck Baecker, Mit dem eigenen Leben Zeugnis ablegen: Kirche in der nächsten Gesellschaft, S. 19, http://www.futur2.org/article/mit-dem-eigenen-leben-zeugnis-ablegen-kirche-in-der-naechsten-gesellschaft/).

Roger Mielke

Adressen

Prof. Dr. Michaela Bauks, Institut für Evangelische Theologie, Universität Koblenz-Landau, Universitätsstraße 1, D-56070 Koblenz, bauks@uni-koblenz.de • Prof. Dr. Holger Eschmann, Theologische Hochschule Reutlingen, Friedrich-Ebert-Straße 31, D-72762 Reutlingen, holger.eschmann@th-reutlingen.de • Generalsekretär Pfarrer Dr. Mario Fischer, Gemeinschaft Evangelischer Kirchen in Europa, Severin-Schreiber-Gasse 3, A-1180 Wien, m.fischer@leuenberg.eu • Rolf Gerlach, Frans Van Hombeeckstraat 5, B-2600 Berchem, rolfgerlach@hotmail.com • Tom Kattwinkel, Auf der Ente 7A, D-51645 Gummersbach, tom@kattwinkel.de • Pfarrer Thomas Michael Kiesebrink, Hafenäcker 6, D-78333 Stockach-Wahlwies, kiesebrink@t-online.de • Universitätsmusikdirektor Prof. Dr. Konrad Klek, Institut für Praktische Theologie/Professur für Kirchenmusik, Friedrich-Alexander-Universität Erlangen-Nürnberg, Schlossgarten 1/ Orangerie, D-91054 Erlangen, konrad.klek@fau.de • Pfarrer Dr. Frank Lilie, Braunsbergstr. 18, D-34131 Kassel, frank.lilie@michaelsbruderschaft.de • Militärdekan Dr. Roger Mielke M.A., priv. Kunosteinstr. 5, D-56566 Neuwied / dienstl. Ev. Militärpfarramt Koblenz III (Zentrum Innere Führung), Von-Witzleben-Straße 17, D-56076 Koblenz, rmielke@uni-koblenz.de • Dr. med. Horst Stephan Neues, Pestalozzistraße 9, D-41468 Neuss, probemeister@michaelsbruderschaft.de • Dr. Anette Niethammer, Rossbergstraße 10, D-71159 Mötzingen, a.niethammer@gmx.com • Pfarrer Nico Szameitat, Pillauer Weg 2, D-26127 Oldenburg, nico.szameitat@gmx.de • Militärdekan Karsten Wächter, Evangelisches Militärpfarramt Bonn I, Bundesministerium der Verteidigung / Haus 32, Fontainengraben 150, D-53123 Bonn • Pfarrer Dr. Heiko Wulfert, Kirchgasse 12, D-65326 Aarbergen, hwulfert@gmx.net

Das Thema des nächsten Heftes wird »Lectio. Gottesdienstliche Schriftlesung und neue Perikopenordnung« sein.

Quatember
Vierteljahreshefte für Erneuerung und Einheit der Kirche
Herausgegeben von
Frank Lilie, Sabine Zorn und Matthias Gössling im Auftrag der
Evangelischen Michaelsbruderschaft, des Berneuchener Dienstes
und der Gemeinschaft St. Michael
Schriftleitung
Roger Mielke in Verbindung mit Sebastian Scharfe
Manuskripte bitte an:
Dr. Roger Mielke · Kunosteinstr. 5 · D-56566 Neuwied,
Telefon (0 15 77) 6 39 97 42, roger.mielke@ekir.de
Edition Stauda
Evangelische Verlagsanstalt GmbH, Leipzig
83. Jahrgang 2019, Heft 4

Bestellungen

Mitglieder der Evangelischen Michaelsbruderschaft, der Gemeinschaft St.
Michael sowie des Berneuchener Dienstes richten ihre Bestellungen ebenso
wie alle Änderungen nur an ihre jeweilige Gemeinschaft.
Nichtmitglieder richten ihre Bestellungen ebenso wie alle Änderungen nur
an den Bestellservice oder an den Buch- und Zeitschriftenhandel. Abos können zum Jahresende mit einer Frist von einem Monat beim Bestellservice
gekündigt werden.

Vertrieb: Evangelische Verlagsanstalt GmbH · Blumenstraße 76 · 04155 Leipzig
Bestellservice: Leipziger Kommissions- und Großbuchhandelsgesellschaft
(LKG) · Frau Nadja Bellstedt · An der Südspitze 1–12 · 04579 Espenhain
Tel. +49 (0)3 42 06–6 52 56 · Fax +49 (0)3 42 06–65 17 71
E-Mail: nadja.bellstedt@lkg-service.de

Preise: Einzelheft: EUR 7,50, *Jahresabonnement:* EUR 28,00 jew. inkl. Versand

Covergestaltung: Kai-Michael Gustmann, Leipzig
Gesamtherstellung: druckhaus köthen GmbH & Co. KG, Köthen

Das Heft wurde auf alterungsbeständigem Papier gedruckt.

ISSN 0341-9494 · ISBN 978-3-374-06275-1

www.eva-leipzig.de

Im Auftrag der Evangelischen Bruderschaft St. Georgs-Orden hrsg. von Thomas A. Seidel und Ulrich Schacht

Würde oder Willkür

Theologische und philosophische Voraussetzungen des Grundgesetzes

GEORGIANA. Neue theologische Perspektiven | 3

280 Seiten | 12 x 19 cm
Paperback
ISBN 978-3-374-05607-1
EUR 20,00 [D]

Das Grundgesetz, die Verfassung des wiedervereinigten Deutschlands, wurzelt nicht in der Unbestimmtheit von Moderne und Säkularisierung. Es schöpft aus der entscheidenden Quelle des christlichen Abendlandes: dem biblisch bezeugten Gott und den sich daraus für die Gestaltung der zwischenmenschlichen Beziehungen in Staat und Gesellschaft ergebenden normativen Konsequenzen. Von daher ist es kein Zufall, dass der entscheidende sittlich-moralische Referenzpunkt am Beginn der Präambel nicht der Mensch ist, sondern Gott. Dieser erste Satz variiert jenen Maßstab christlich grundierter Staatsformen und Gesellschaftsstrukturen, demzufolge der Mensch und Bürger sich im entscheidenden Moment, vor allem in Abwehr totalitärer Versuchungen, auf Gott und die fundamentale Weisheit der Bibel einlassen und verlassen kann.

EVANGELISCHE VERLAGSANSTALT
Leipzig   www.eva-leipzig.de

Tel +49 (0) 341/ 7 11 41 -44   shop@eva-leipzig.de